AF561422

DISCOURS
HISTORIQUES,
CRITIQUES ET POLITIQUES
SUR
TACITE.

DISCOURS
HISTORIQUES,
CRITIQUES ET POLITIQUES
SUR
TACITE.

Traduits de l'Anglois

DE M^R TH. GORDON.

Par Mr D. S. L.

NOUVELLE ÉDITION.

TOME PREMIER.

A AMSTERDAM,
Chez FRANÇOIS CHANGUION.
M. DCC. LI.

AVERTISSEMENT.

*IL y a long-tems que les Journaux * ont fait connoître au Public le mérite de cet Ouvrage, dont la Traduction fut annoncée dans la Bibliothéque Britannique.* M. Gordon *s'est acquis une grande réputation en Angleterre par divers Ecrits Politiques où l'on voit beaucoup de pénétration, un jugement exquis, & un grand zéle pour la Liberté dont sa Patrie a le*

* La Bibliothéque Raisonnée, & la Bibliothéque Britannique de l'Année 1738.

bonheur de jouir. L'auteur de ces Discours en a si bien expliqué le plus grand usage dans sa Préface, que nous aimons mieux y renvoyer le Lecteur, que de répéter ce qu'il a su dire si bien.

Je ne saurois mieux recommander cette Traduction, qu'en disant qu'elle a eu l'Approbation de l'Auteur, & qu'elle part d'un homme qui l'a entreprise par un motif d'estime pour l'Ouvrage, & pour la personne de M. Gordon, *qui travaille encore à enrichir le Public de ses Réflexions, utiles à l'étude de la saine Politique, & du Gouvernement des Etats libres.*

PRÉFACE DE L'AUTEUR.

LEs Discours qu'on publie ici, ont été composés pour défendre la Liberté publique contre les violences du Gouvernement, & les injustices de ceux qui ont l'autorité. Tout homme qui lit *Tacite* avec attention, ne sauroit manquer de faire mille réfléxions capables de lui toucher le cœur, lorsqu'il considére le sort déplorable d'un Peuple qui gémit dans l'oppression, & d'exciter son ressentiment contre les Oppresseurs & les Tyrans. Il faudroit qu'il eût armé son cœur contre toutes les impressions de l'humanité & de la compassion, qu'il eût perdu les idées de la justice, & tout sentiment de Liberté & de Vérité, s'il n'étoit frappé d'horreur à la vûe de ce que l'Historien représente. On voit l'innocence opprimée, une cruauté dévorante, l'Injustice louée & triomphante, la Vertu persécutée, & détruite. Tout homme qui est dans une situation plus heureuse, doit s'en féliciter, & trouver sa Patrie heureuse. Il doit concevoir de l'horreur pour la conduite & les principes qui ne s'accordent pas avec la Liberté, & qui tendent à la servitude; abhorrer les Auteurs de ces Principes & ceux qui les mettent en œuvre. Il doit ressentir du plaisir à proportion, lorſqu'il voit proſpérer la cauſe de la Liberté, quand les droits en ſont mis dans un beau jour, & qu'on les fait bien valoir.

C'eſt aux lieux où la Tyrannie fait le plus reſſentir ſes rigueurs; c'eſt en liſant l'Hiſtoire de *Tacite*, que l'on découvre le mieux les avantages & le bonheur ineſtimable de la Liberté. Le Lecteur y voit que tout ce qu'il y a de doux & d'aimable dans le monde, eſt détruit par la Tyrannie; que les Tyrans introduiſent & fomentent tout ce qu'il y a de plus pernicieux & de plus déteſtable. On peut en tirer des conſéquences, & conclure que tout ce qu'il y a de précieux & de déſirable pour le bien de la Société, réſulte d'un Etat de Liberté. C'eſt-là ſeulement, que les biens & la vie ne dépendent point du caprice d'autrui, & que la Conſcience & les Facultés de l'ame ne ſont point miſes dans les chaînes. Si l'on veut que la Religion même faſſe du bien, elle doit être entiérement libre. On voit que dans les Pays qui ſont dans l'eſclavage, la Religion, cette Alliance ſacrée entre l'Homme & ſon Créateur, devient par une étrange métamorphoſe un inſtrument de Tyrannie, & d'impoſture ; c'eſt une Marchandiſe expoſée dans un Marché ouvert aux Impoſteurs, qui attachés uniquement & ſans pudeur à un gain ſordide, à un eſprit de domination, & à d'autres vûes intéreſſées & mondaines, la plûpart d'entr'eux de vrais ſcélérats, oſent prêcher le renoncement à ſoi-même, déclamer contre l'eſprit du monde, & réclamer la ſucceſſion des

Saints Apôtres, qui couroient le monde, professant une pauvreté volontaire. Cette hypocrisie, & cette audace pousse à bout un homme de bon sens plus que toutes leurs contradictions au sujet de la vraie sainteté. On a du dépit de voir que de tels gens, instrumens de la Tyrannie, & Tyrans eux-mêmes, osent couvrir leur orgueil & leurs passions d'un pareil manteau ; qu'ils se servent du nom, & de la commission spéciale du doux & miséricordieux Jesus. Ils prétendent employer la Raison, & cependant ils en condamnent la recherche : ils parlent du Savoir, & ils provignent l'ignorance. Ils exigent un profond respect des Peuples pour la peine qu'ils se donnent de les tenir dans un état brute & sauvage, & ils reçoivent de gros revenus pour les tromper & les opprimer.

Le Lecteur Anglois ſentira réveiller ſon zéle pour la conſervation de la juſte Liberté de ſa Patrie, lorſqu'il fera des réflexions pareilles ſur l'état des Nations qui gémiſſent ſous la ſervitude, & ſur-tout ſous celle des Papes, la plus complette & la plus atroce dont on ait jamais ouï parler. Un Anglois concevra de la jalouſie contre toutes les entrepriſes qui peuvent donner atteinte à cette heureuſe Liberté. Qui veut en connoître le prix, n'a qu'à jetter les yeux ſur l'état déplorable des Pays qui en ſont privés.

On ne ſauroit trop inculquer l'eſprit de Liberté, & en expliquer tous les droits : c'eſt le ſalut des Peuples par rapport à leur état civil. Si l'on vient à la perdre, quelle reſſource nous reſte-t-il ? Ce précieux avantage a été ſouvent attaqué en ſecret & ouvertement chez les Anglois, cette Nation libre. On a mis en avant pour cet effet pluſieurs dogmes monſtrueux & dangereux. On a profané ſans pudeur le ſaint Nom de Dieu ; on a perverti ſa ſainte Parole d'une maniere impie ; on a encouragé tous les excès de l'oppreſſion & des voleries publiques, on les a ſanctifiés. Tout cela s'eſt fait par les Oracles des Loix pour les inſulter ſans crainte par pluſieurs Miniſtres de la Religion, en dépit de la Religion, & des ſermens les plus ſolemnels. L'Injuſtice s'eſt revêtue du nom de la Loi : un fatras de chicanes, & le ſens des Ecritures proſtitué, étoient appellés la ſaine Théologie ; l'uſurpation & les malverſations étoient qualifiées du nom de Volonté de Dieu ; la fureur étoit un acte de fidélité, & le Sens commun un crime d'Etat.

C'eſt ainſi que l'on abandonnoit tout ce qui doit être cher & eſtimable à une Nation. Ce n'étoit pas un ſimple compliment que l'on fait par civilité, ſans qu'on le prenne à la lettre. Pour faire voir combien il étoit bien reçu, on diſtinguoit ſans ménagement par une protection & des récompenſes ſingulieres, les Traîtres Parjures qui l'avoient fait. Il n'étoit pas permis, que dis-je ? c'étoit un crime capital de réfuter les rêveries de ces gens-là, & leurs propoſitions pleines de barbarie. On ſe rendoit criminel, ſi l'on s'aviſoit de faire ouvrir les yeux au Peuple qu'on deſtinoit à l'eſclavage & à la miſére ; ſi on leur faiſoit voir avec quelle inhumanité ils étoient trompés & trahis par ceux qui ſont profeſſion d'être leurs Guides, & qui en reçoivent des gages. Les Peuples étoient aveuglés & enſorcelés par la force des mots & de la ſuperſtition ; on les menaçoit de la damnation éternelle, s'ils regimboient contre leurs chaînes.

De quels termes peut-on ſe ſervir pour faire ſentir dignement l'énormité de cette impoſture ? Il n'y a point de gens aſſurément qui ayent eu moins la crainte de Dieu que ceux qui ont parlé en ſon nom. On n'en voit point qui ayent été ſi dénués des ſentimens de l'humanité que ceux qui ſe ſont emparés du droit de conduire les hommes dans le chemin de la Félicité ; & il n'étoit pas poſſible de publier de ſemblables dogmes comme venans de la part de Dieu, ſans être un impudent Impoſteur, ou bien un fanatique fieffé, un ſcélérat endurci, ou un lunatique. Ces dogmes qui nous viennent de ces gens-là étoient auſſi viſiblement produits par leur intérêt propre, qu'ils étoient malins & abſurdes. Toutes les fois qu'on avoit des égards pour eux, ils ne manquoient pas de juſtifier l'oppreſſion, & de canoniſer les Oppreſſeurs. Si-tôt qu'ils ſe croyoient mépriſés, quoiqu'on ne les eût privés que du pouvoir de faire du mal, leur reſſentiment les portoit à troubler de tout leur pouvoir le Gouvernement, quelque légitime qu'il fût; ils auroient voulu le détruire, quelque éloigné qu'il fût de tout attentat contre la foi des

des ſermens, & contre les Loix du Pays. Peut-on avoir de plus forte démonſtration qu'un pareil eſprit ne venoit ni d'un Dieu bon & juſte, ni de la droite Raiſon, ni d'aucun attachement pour la juſtice & pour le bien de la Société ? N'étoient-ce pas des ſentimens inſpirés par l'ambition la plus criminelle, par la malice, par la rage, & par toutes les paſſions les plus noires ? Ces gens pouvoient-ils après cela s'attendre qu'on eût de la confiance & du reſpect pour eux qui s'étoient montrés ennemis inexorables de la Société & du bonheur des hommes ?

Le Plan qu'on s'eſt propoſé dans ces Diſcours, eſt de juſtifier la Divinité de l'imputation impie qu'elle protége la Tyrannie ; de plaider la cauſe de la Liberté, & d'en faire voir les avantages ; de défendre les droits des hommes & de la Société ; de développer les funestes conséquences de la corruption publique d'un côté, avec la beauté & l'utilité des vertus publiques. Je me flatte que ce Plan ne sera pas désapprouvé : je puis dire qu'en l'exécutant, j'ai été entiérement affranchi de toute passion personnelle, de toute partialité, amitié ou inimitié ; sans dessein de faire tort, ou de flatter personne du monde. Si j'invective contre quelque homme mort, ou si je lui donne des louanges, c'est pour conseiller & encourager ceux qui vivent. C'est pour exposer les maux de la Tyrannie que je trouve sur mon chemin. Tout ce que j'ai écrit enfin tend à montrer le prix inestimable de la Liberté.

Il importe à tous les hommes d'étudier ſoigneuſement le bonheur du Genre-humain. En cela ils ne font que chercher à connoître les droits de leur naiſſance avec les meſures qui ſervent à les aſſurer, comme auſſi le danger & la maniere de les perdre avec l'infortune attachée à cette perte. C'eſt un ſujet d'une utilité infinie, & qui comprend ce que les hommes ont de plus cher au monde. On en tire les vérités les plus convaincantes, & les raiſonnemens les plus clairs. Entre les queſtions conſidérables qu'on peut former ſur ce ſujet très-peu expoſé à des diſputes embarraſſées, on peut examiner ſurtout celle-ci, ſavoir ſi les hommes ont un droit ſur ce que Dieu & la Nature leur ont donné, ſur ce que leurs propres Loix & leurs

Constitutions leur ont confirmé, sur ce que les sermens & les fonctions de leurs Magistrats montrent leur appartenir. Savoir, si l'espéce de Gouvernement, qui est évidemment la meilleure pour les hommes, est celle qui est agréable à la Divinité, ou si elle approuve & protége la pire ; sur quoi peut-on rendre des réponses plus claires ? Cependant combien de choses n'a-t-on pas publié, tirées du mauvais sens & des faussetés criminelles, afin de sanctifier l'oppression, dans la vûe de détruire & de renverser tous les droits naturels & civils qui appartiennent aux hommes.

Le bonheur commun, & la sûreté publique sont les vûes de la Société : procurer ces vûes, c'est le devoir de ceux qui gouvernent ; lorsqu'ils s'en acquittent, c'eſt le devoir des Sujets d'obéir, de reſpecter & de ſoutenir leurs Supérieurs. Lorſqu'on ne s'attache pas à ce but, mais qu'au contraire l'autorité dégénere en violence, la ſujettion légitime en eſclavage, lorſque le ſeul bon plaiſir, & la paſſion ſont l'unique régle de ceux qui ſont en place; lorſque la miſére univerſelle, la crainte & l'oppreſſion l'emportent ouvertement: peut-on dire que le Gouvernement ſubſiſte? Non aſſurément, ce ne ſont pas là des actes d'hoſtilité, & la réſiſtance qu'on fait à un ennemi, eſt fondée ſur le droit de la défenſe propre; c'eſt la Loi & le devoir de la Nature. N'eſt-ce pas une choſe qui y répugne, qui eſt contraire au Bon-ſens, d'avoir du reſpect pour le mal, d'être infatué pour celui qui en eſt l'Auteur, & de s'imaginer qu'on lui doit toute ſorte de ſoumiſſions & de reſpects ? Etoit-il poſſible aux Romains d'aimer *Tibere*, pouvoient-ils eſtimer *Caligula* ou *Neron* ? C'eſt aſſez que le Peuple aime ceux qui l'aiment, qu'il donne ſon eſtime à ceux qui le protégent & le ſoulagent.

DISCOURS
HISTORIQUES,
CRITIQUES & POLITIQUES
SUR
TACITE.

PREMIER DISCOURS.

Du Caractère personnel de *Tacite* & de celui de ses Ouvrages.

SECTION I.

Portrait de Tacite.

JE commencerai par le mérite personnel de *Tacite*, & je parlerai ensuite de ses Ouvrages. C'étoit le plus grand Orateur, le meilleur Politique, & le plus habile Historien de son tems ; il suivit long tems le Barreau, & passa par toutes les charges les plus considérables de l'Etat. Il fut Edile, Préteur, Consul ; & après avoir acquis une profonde connoissance des hommes & des affaires, il voulut transmettre à la postérité, les fruits de sa longue expérience, & de ses réfléxions. Il avoit tous les talens nécessaires pour écrire l'excellente Histoire qu'il nous a laissée. Personne n'avoit plus vû que lui ; peu de gens avoient autant réfléchi, & nul Ecrivain n'étoit capable d'exprimer ses pensées avec plus de force & de vivacité. C'étoit un génie supérieur, capable de réussir à tout ce qu'il auroit voulu entreprendre de grand. Son Style a une force qui entraîne les Lecteurs ; plein de sentimens élevés, il excelle à les exprimer & à les décrire. Sa probité est consommée. Il peint souvent les passions du cœur, & en développe avec succès tous les replis, mais c'est sans le séduire. Maître de son sujet, & possédant parfaitement l'esprit de l'Histoire, il remonte à la source des événemens dont il pénétre tous les ressorts, les met dans leur plus beau jour, & en fait voir toutes les faces avec une merveilleuſe briéveté. C'étoit un Politique profond, adroit à démaſquer les artifices les plus cachés dont il développe tous les replis. Il aimoit ſincérement ſa patrie, étoit zélé pour la Liberté publique, & pour la proſpérité de l'Etat. Il étoit ennemi juré des Tyrans, & des ſuppôts de la Tyrannie, plein d'humanité & de vertu ; adorateur de la Liberté & de la Vérité qu'il ſait revêtir des ornemens les plus avantageux dont elles ſont ſuſceptibles, pour les rendre recommandables. Il abhorre la fourberie & l'injuſtice, mépriſe les petites fineſſes, & étale la noirceur de celles qui ſont criminelles. Il ne laiſſe paſſer aucune occaſion de montrer par l'exemple de la chûte des grands ſcélérats, par leurs inquiétudes, par le peu qu'ils ont à compter ſur un pouvoir emprunté, par l'incertitude & les coups imprévûs du ſort, combien on ſe mécompte en renonçant à la probité pour des grandeurs fragiles ; & combien la Vertu perſécutée eſt préférable au Crime heureux & noyé dans les plaiſirs. On voit *Germanicus* plus heureux dans la diſgrace, au milieu des fatigues & des perſécutions qu'il eſſuie, que *Tibere* ne l'est avec une puissance sans bornes : plus heureux sans doute en ce qu'il jouit de la tranquillité d'esprit que lui donne le sentiment de sa probité, & en ce qu'il acquiert une réputation sans tache. *Tigellin* possédoit la faveur de *Neron* ; mais généralement détesté il étoit réduit à craindre tout le monde. *Neron* avoit de l'aversion pour *Seneque*, il est vrai : mais *Seneque* étoit universellement aimé & regretté.

Tacite a tout le goût, & toute la politesse qu'on acquiert dans le commerce du grand monde : rien ne coule de sa plume que de noble, d'intéressant, & d'une exacte bienséance. Plein d'esprit, on ne voit point qu'il affecte d'en montrer, & qu'il soit trop recherché dans ses expressions : son caractère est la gravité, la majesté & l'élévation. Il sait assaisonner la Vérité qu'il regarde comme sacrée, de l'agrement que lui fournit un Style plein de feu ; & quoiqu'il aime mieux aller au cœur que flatter l'imagination, il ne laisse pas de réveiller celle de ses Lecteurs pour leur faire mieux goûter les vérités qu'il veut leur apprendre.

L'expression simple & unie de la Vérité

n'a rien en elle-même de fort touchant : mais on lui donne de la vie, quand on la préſente parée de belles images. Chacun ſait les avantages d'une belle deſcription ſur une narration ſéche : c'eſt en quoi conſiſtent ceux de la Peinture. Je crois pourtant que l'Orateur en a un grand ſur le Peintre, en ce que les mots peuvent donner plus d'idées que le pinceau n'en ſauroit repréſenter. L'Orateur peut les multiplier & les réunir, leur donner plus de force & de feu. Quel portrait d'Apelle auroit pu animer les Athéniens contre Philippe de Macédoine, comme le faiſoit un Diſcours de Demoſthène ! Quelle peinture de l'Amour peut égaler la deſcription que nous en donne Lucrèce, le plus grand eſprit parmi les Poëtes Latins ! Je ne crois pas qu'il ſoit poſſible au pinceau d'exprimer plus heureuſement toute ſorte d'images que Michel Ange l'a fait dans ſon Tableau du Jugement : cependant je crois non-ſeulement poſſible, mais même facile d'en faire une deſcription plus touchante que ne l'eſt la vûe de ce fameux Chef-d'œuvre.

SECTION II.

De l'excellence de ses descriptions.

NOUS avons dit, que la peinture des mots est la plus expressive de toutes : c'est dans cet Art que *Tacite* excelle : ses images sont nombreuses, fortes, & serrées ; il y employe peu de mots, mais ils ont beaucoup de feu, & mettent les objets sous les yeux : son silence même est instructif & touchant. Voyons avec quelle justesse il peint le noble abbatement, & la fierté de l'épouse d'*Arminius*, lorsqu'elle fut menée à Germanicus avec d'autres captives. (a) *Inerant fœminæ nobiles, inter quas uxor Arminii, eademque filia Segestis, mariti magis quàm parentis animo, neque victa in lacrymas, neque voce supplex, compressis intra sinum manibus, gravidum uterum intuens*, Ann. I.

(a) *Segestes* étoit accompagné .... de sa fille, & de plusieurs Dames du pays toutes éplorées ; mais elle plus semblable à son mari qu'à son pere, sans verser des larmes ni faire aucune action de suppliante, regardoit son sein comme le dépositaire de sa gloire, parce qu'elle étoit enceinte d'*Arminius*.

Cap. 57. Il n'étoit pas possible d'imaginer une attitude plus touchante ; quelles expressions, quelles plaintes, quelles larmes pourroient exciter aussi puissamment la compassion des Lecteurs, que la peinture d'un cœur trop grand pour verser des larmes, ou pousser des plaintes dans une douleur trop grande pour pouvoir parler ?

La marche de *Germanicus* avec son Armée vers la forêt de Teutbourg pour ensevelir les os de Varus, & de ses Légions qui y avoient été massacrées par les Germains ; la description du Camp, les circonstances de cet événement tragique que l'Historien rappelle ; la pitié & le courroux des soldats y sont déployés merveilleusement avec beaucoup de force, & de briéveté. Cette description donne tout ensemble de la compassion & de l'horreur.

(b) *Permoto ad miserationem omni qui aderat exercitu, ob propinquos, amicos, denique ob casus bellorum & sortem hominum ... incedunt mœstos locos, visuque ac*

(b) Toute l'Armée est touchée d'une semblable douleur ; l'un regrette son frere, l'autre son ami, & tous ensemble déplorent l'inconstance des choses du monde, & la puis-

memoria deformes. Prima Vari Castra lato ambitu, & dimensis principiis, trium legionum manus ostentabant: dein semiruto vallo, humili fossa, accisæ jam reliquiæ consedisse intelligebantur: medio campi albentia ossa ut fugerant, ut restiterant, disjecta vel aggerata: adjacebant fragmina telorum, equorumque artus, simul truncis arborum antefixa ora; lucis propinquis barbaræ aræ, apud quas Tribunos, ac primorum ordinum Centuriones mactaverant. Cladis ejus superstites pugnam, aut vincula elapsi, referebant hîc cecidisse legatos, illic captas aqui-

sance de la Fortune..... Ils entrent dans ces tristes lieux effroyables à la vûe, & au souvenir. Le Camp de Varus se présente d'abord à leurs yeux, faisant assez voir par sa grandeur & par sa figure le nombre de ses Légions. D'un côté la clôture renversée, & le fossé à demi rempli témoignoient que l'Armée rompue avoit été poussée en cet endroit. Au milieu paroissoient des monceaux d'ossemens secs & blanchissans, épars ou ramassés, selon que les Soldats avoient reculé ou combattu. Le champ étoit tout semé de bouts de piques, & de javelots, de carcasses d'hommes, & de chevaux mêlées ensemble. On voyoit encore des têtes fichées à des troncs d'arbres; & aux Forêts voisines, des Autels où ces Barbares avoient égorgé à leurs Dieux, les principaux Centurions & les Tribuns. Le Soldat échappé de la défaite contoit à ses compagnons *las ; primum ubi vulnus Varo adactum, ubi infelici dextra, & suo ictu mortem invenerit ; quo tribunali concionatus Arminius ; quot patibula captivis, quæ scrobes ; utque signis & aquilis per superbiam inluserit. Igitur Romanus qui aderat exercitus, sextum post cladis annum, trium legionum ossa, nullo noscente alienas reliquias an suorum humo tegeret, omnes ut conjunctos, ut consanguineos, auctâ in hospitem irâ, mœsti simul & infensi condebant.* Ann. I. Cap. 61. 62.

étonnés, ces tristes & douloureuses avantures. Ici les Chefs des Légions furent renversés, & les Aigles emportées. Là Varus reçut sa première plaie ; là il mourut d'un coup de sa main. Arminius monta sur ce Tribunal pour haranguer après la victoire. Ici il fit dresser tant de gibets pour les captifs ; là creuser des fossés d'une grandeur extraordinaire. Ensuite ce superbe vainqueur se rioit insolemment des Aigles & des Etendarts de l'Empire qu'il faisoit traîner par ignominie. Ainsi l'Armée Romaine six ans après cette fatale journée renferma dans le tombeau les restes de trois Légions sans que personne pût discerner les reliques des siens d'avec celles des Etrangers. Ils les pleuroient tous comme leurs freres, & enflâmés de dépit & de vengeance leur rendoient les derniers honneurs de la sépulture.

Quelle éloquence & quelle force dans cette description ! Que peut-on y ajouter, que peut on en ôter ? Le style en est partout plein de feu, & touchant ; ce n'est pas assez pour lui d'éclairer l'esprit, & de flatter l'imagination, il réveille toutes les passions. Le Lecteur n'est pas seulement convaincu, il est conduit où l'Auteur veut le mener ; il est comme enchanté, & s'intéresse pour tout ce qu'il lit. C'est-là la pierre de touche pour juger de la force, & de l'adresse d'un Ecrivain, c'est à cette belle éloquence & à ce talent de persuasion qu'il doit tendre, & c'est-là le talent de *Tacite*.

Il choisit les expressions & les figures les plus fortes pour peindre les Tyrans & la Tyrannie. (c) *Facinora ac flagitia sua ipsi quoque in supplicium verterant..... Si recludantur tyrannorum mentes, posse adspici laniatus & ictus ; quando ut corpora verberibus, ita sævitia, libidine,*

(c) Tant il étoit bourrelé en sa conscience par l'image de ses crimes....... Si l'on ouvroit le cœur des Tyrans, on les trouveroit déchirés de mille coups, puisqu'il est vrai que les corps ne sont pas plus tourmentés par les gênes & les supplices, que leur esprit l'est au-dedans par leurs cruautés & leurs con-

malis consultis animus dilaceretur : quippe Tiberium non fortuna, non solitudines protegebant, quin tormenta pectoris suasque ipse pœnas fateretur. Ann. VI. Cap. 6.

C'étoit son but & sa grande affaire de découvrir l'injustice & les horreurs d'un Gouvernement déréglé : *sæva jussa, continuas accusationes, fallaces amicitias, perniciem innocentium.* Il fait voir les mains sanglantes des bourreaux, Rome noyée dans le sang de ses propres Citoyens, & toute la rage d'une Tyrannie inéxorable : *Undantem per domos sanguinem, aut manus Carnificum.* Vous voyez la bride lâchée à des troupes de délateurs, payés même pour la destruction de leurs Concitoyens, ne respirant que leur mort ou leur exil : *Sævitiam Oratorum accusationes minitantium : delatores per præmia eliciebantur.* Vous voyez les outrages & la cruauté d'une Soldatesque insolente & barbare : *Cuncta sanguine, ferro, flammisque miscent.* Vous voyez des insensés, les rênes du

voitises. En effet Tibere n'étoit ni assuré dans sa fortune, ni en repos dans sa solitude, & le feu qui le brûloit étoit si violent qu'il étoit contraint de l'exhaler au-dehors, & de s'en plaindre.

Gouvernement à la main, rendus encore pires par des esclaves, des gens de néant, & des femmes débauchées ; ces monstres sont adorés, leur personne, leur méchanceté, leur furie même sont consacrées, leur injustice exaltée, la Vertu foulée aux pieds, les Loix corrompues, la droiture & la vérité méprisées & bannies. C'étoit assez d'avoir du mérite pour être envoyé sur l'échafaut, exilé dans des Isles désertes, ou mis au fond des cachots : les plus vils de tous les hommes en prononçoient la sentence, & sacrifioient les plus honnêtes gens à leur avarice ou à leur vengeance. La crainte, la défiance, & la perfidie avoient pris le dessus ; les destructeurs eux-mêmes étoient obsédés de la crainte perpétuelle de périr, ce qui arrivoit à la fin, & cependant il étoit rare que leur place fût occupée par des gens qui valussent mieux qu'eux.

On voit toutes ces tristes scènes représentées avec des couleurs fortes & pathétiques : les pensées en sont grandes, le langage élevé, les termes sages, & ménagés ; tout est image dans ses Ecrits ; tout ce qu'il dit, vous le voyez, & tout ce que vous voyez, vous touche. Je suis embarrassé au choix des exemples, parce qu'on en trouve plusieurs à chaque page; combien n'en voit-on pas de touchans dans ce peu de mots vers le commencement du premier livre de ses Annales? *Quotus quisque reliquus qui Rempublicam vidisset?* Quelle expression de tristesse, & quelle clarté en même tems dans ce qui suit! *Igitur verso civitatis statu, nihil usquam prisci & integri moris*; de même que ce qu'on lit un peu plus haut; *rebus novis aucti tuta & præsentia quàm vetera & periculosa mallent.*

Avec quelle impétuosité & quels foudres d'éloquence, Arminius fait-il prendre les armes aux Cherusques ses compatriotes, lorsque sa femme est devenue captive des Romains, & que son enfant qui n'est pas encore né a été réduit en servitude! (d) *Egregium patrem, magnum imperatorem, fortem exercitum quorum tot manus unam mulierculam avexerint: sibi tres legiones, totidem legatos procubuisse, non enim se proditione neque adversùs fœ-*

(d) Nous appelle grands Capitaines d'avoir vaincu une femme; & *Segestes* un bon pere d'avoir trahi son enfant. Crie qu'il a défait trois Légions avec leurs Chefs; qu'il ne fait pas la guerre en traître ni contre des femmes

minas gravidas, sed palàm adversùs armatos bellum tractare. Cerni adhuc Germanorum in lucis signa Romana.... Coleret Segestes victam ripam, redderet filio Sacerdotium, &c. Combien peu de mots il emploie pour décrire le débat long & douteux qui se passa au Conseil tenu par *Germanicus*, pour savoir comment il en useroit avec les Légions qui s'étoient soulevées! (e) *Augebat metum gnarus (superior exercitus) Romanæ seditionis, & si omitteretur ripa invasurus hostis, ac si auxilia & Socii adversùm abscedentes legiones armarentur, civile bellum suscipi: periculosa severitas, flagitiosa largitio: seu nihil militi, seu omnia concederentur, in ancipiti Respublica. Igitur*, &c. Ann. I.

enceintes, mais publiquement contre l'Empire Romain. Qu'on voyoit encore dans leurs Bois sacrés nos Etendarts. . ... Que *Segestes* demeurât parmi les vaincus, & rendît à son fils le Sacerdoce.....

(e) D'ailleurs on craignoit le passage des ennemis, si l'on abandonnoit le Rhin, parce qu'ils avoient appris la sédition. D'armer les alliés pour châtier leur insolence, c'étoit ouvrir la porte à une guerre civile. La douceur étoit infâme, & la sévérité dangereuse; la vengeance & le pardon également pernicieux à la République.

SECTION III.

Nouveaux exemples de la justesse d'esprit de Tacite, *& de la noblesse de ses réfléxions.*

SON récit des persécutions de *Germanicus*, de ses dernieres paroles, & de la douceur de son caractère, feroit une fort belle tragédie; il en est de même de la mort de *Seneque*, & de ceux qui conspirerent contre *Neron*. Avec quelle grandeur d'ame, & quel sang froid *Sulpitius Asper* le Centurion répond-il au Tyran furieux qui lui demandoit pourquoi il avoit conspiré contre sa vie! *Non aliter tot flagitiis ejus subvenire potuisse*. Avec quelle tranquillité & quelle fermeté voyons-nous mourir *Vestinus* le Consul, ami & compagnon de *Neron* depuis longtems, qui n'avoit aucune part à la conspiration, sans crime & sans accusateur! *Vigens adhuc balneo infertur, calida aqua mersatur, nulla edita voce qua se miseraretur*. Voyez combien les observations de l'Historien sur la nature humaine ont de profondeur, de justesse & de beauté: *Molles in calamitate humani animi: nobiles ad superstitionem perculsæ semel mentes:*

cupidine ingenii humani lubentiùs obscura credi : neque morum spernendus, nisi quòd paupertatem præcipuum malorum credebat. Vivorum ut magna admiratio, ita censura difficilis : eandem virtutem admirantibus cui irascebantur : manebat admiratio viri & fama, sed oderant. Beneficia eo usque læta sunt dum videntur exsolvi posse ; ubi multum antecessere, pro gratia odium redditur. Exacto per scelera die novissimum malorum fuit lætitia. Rumore populi qui neminem sine æmulo sinit : minore spe veniæ crescit vinculum sceleris : Populus novarum rerum cupiens paviduśque : vulgus eadem pravitate interfectum insectatur quâ viventem foverat.

Que ces réfléxions sur le Gouvernement sont profondes & d'un grand maître ! *Primas dominandi spes in arduo : ubi sis ingressus adesse studia & ministros. Arduum eodem loci potentiam, & concordiam esse. Potentia cautis consiliis tutius habetur. Major è longinquo reverentia. Principibus præcipua rerum ad famam dirigenda. Insociabile Regnum : cupido Regni fratre & filia potior. Scaurum cui implacabiliùs irascebatur* (Tiberius) *silentio transmisit. Intelligebantur artes, sed pars obsequii in eo ne deprehenderentur. In summa fortuna*

æquius

æquius quod validius. Je ne les cite point comme ce qu'il y a de plus exquis dans *Tacite* : J'ai pris ces passages comme ils se sont présentés à moi.

Il peint les pensées & les différens génies; les hommes & les passions ; la tyrannie & la servitude. Son imagination sans bornes ne fait aucun tort à son jugement qui est étendu & solide, toujours animé par sa belle imagination. Son dessein est grand, ses représentations justes, & ses couleurs belles. Voyez la description d'une peste qu'il y eut à Rome, Ann. XVI. Cap. 5. (a) *Domus corporibus exanimis, itinera funeribus complebantur : non sexus, non ætas periculo vacua. Servitia perinde ac ingenua plebes raptim exstingui, inter conjugum & liberorum lamenta qui dum assident, dum deflent, sæpe eodem rogo cremabantur. Equitum Senatorumque interitus quamvis promiscui, minùs flebiles erant, tanquam communi mortalitate sævitiam principis prævenirent*. Sous le régne

(a) On ne voyoit que morts par les chemins, & dans les maisons ; l'enfant pleurant son pere & la femme son mari étoient portés en un même bucher, le maître pêle mêle avec l'esclave, les grands comme les petits ; mais ceux-là étoient moins regrettés, parce qu'ils sembloient par-là se dérober à la cruauté du Prince.

d'un Tyran la peste étoit un bonheur.

Quel autre Ecrivain que *Tacite* auroit pû dire des anciens Germains ? *Argentum & aurum propitii an irati Dii negaverint dubito*, ou ce qu'il dit ensuite du même peuple : *Mira diversitate naturæ cùm iidem homines sic ament inertiam, quietem oderint.* Ce qu'il dit encore des *Sitones*, Nation particuliere de la Germanie, qui vivoient sous le gouvernement d'une femme, *in tantum non modò à libertate sed etiam à servitute degenerant.* Ce sont-là des modéles de discernement, de pénétration, & d'une expression heureuse qu'on trouve dans peu d'Ecrivains. On peut s'en servir & d'une infinité d'autres pour prouver que notre Historien voyoit tout ce qu'il traitoit avec une clarté peu commune : ses réflexions sont des tableaux, où la nature de l'Homme & celle du Gouvernement sont représentées au naturel, avec de belles couleurs, & mises dans un beau jour.

Je ne puis que regarder comme une réponse pleine de générosité & de courage, ce que dit *Bojocalus* au Général Romain qui lui refusa une demeure pour lui & pour son peuple dans les terres abandonnées de Frise, & l'obligea ainsi à invoquer le Soleil & les Etoiles : (b) *Quasi coram interrogabat vellentne contueri inane solum ? potius mare superfunderent adversùs terrarum ereptores. Deesse nobis terram in qua vivamus, in qua moriamur non potest.* Quelle élévation dans ce qu'il dit touchant les *Fennes !* C'étoit la Nation la plus sauvage & la plus misérable de toute la Germanie ; ils n'avoient pour habits que des peaux, d'autre lit que la terre, d'autre nourriture que l'herbe ; ils n'avoient ni chevaux, ni maisons, ni armes ; les branches épaisses des arbres étoient leur unique abri contre les injures de l'air, & les bêtes féroces : c'est là qu'ils trouvoient des berceaux & le couvert pour leurs enfans nouveaux-nés ; c'est-là que s'assembloient les vieillards & les jeunes gens. Avec tout cela ils aimoient mieux mener cette vie misérable que de se tracasser au labourage, & à bâtir des maisons. Ils ne portoient point d'envie à la fortune d'autrui. Ils

(b) Il leur demandoit comme s'ils eussent été présens, s'ils se plaisoient à voir des terres inhabitées, & pourquoi ils n'abîmoient pas un pays dont on vouloit bannir le Genre humain ? Ceux qui n'ont point de terre pour vivre en ont du moins pour mourir.

étoient sans inquiétude sur la leur; ils ne soûpiroient point pour avoir ce qui ne leur appartenoit pas; & n'ayant rien à perdre, ils n'avoient aucune crainte pour ce qui étoit à eux. (c) *Securi* (dit Tacite) *adversùs homines, securi adversùs Deos, rem difficillimam adsecuti sunt, ut illis ne voto quidem opus sit.*

(c) Ayant gagné ce point si difficile, qu'ils n'ont pas même besoin de souhaits pour être heureux, & n'ont rien à apprèhender de la part des Dieux ni des hommes.

SECTION IV.

Morale de Tacite, *son cœur plein de vertu & d'humanité.*

ENtre les autres grandes qualités que l'on remarque dans notre Historien, on voit briller son amour pour le Genre humain, pour la liberté du Gouvernement, & pour la Vertu tant en public qu'en particulier. Son Livre est un excellent tableau de la laideur, & des horreurs de la Tyrannie; de l'opprobre, & de l'infamie; de la servitude, & de l'esprit rampant; des charmes de la Vertu, & de la Liberté; de l'énormité du vice, & de l'adulation. Il compatit si fort à l'oppression & à l'infortune des Romains sous le Règne de *Tibere*, qu'il s'éloigne de cette idée avec plaisir dans une digression sur les affaires étrangeres: Il s'y étend le plus qu'il peut pour se donner du relâche sur la considération des malheurs domestiques. *Duabus æstatibus gesta conjunxi quo requiesceret animus à domesticis malis.* Il s'afflige de l'esprit de Servitude, & de la patience stupide des Romains sous la Tyrannie du détestable *Neron*: & de tant de sang Romain que ce monstre se faisoit un jeu de répandre: C'est un fardeau chagrinant pour l'ame de l'Historien: *Patientia servilis tantumque sanguinis domi perditum, fatigant animum, & mœstitia restringunt.*

Sa joie se déploie dans les tems heureux, dans la Liberté publique, & sous les bons règnes; il aime à leur donner des louanges, tels étoient ceux de *Nerva* & de *Trajan* deux Empereurs pleins de vertu; *rara temporum felicitate, ubi sentire quæ velis & quæ sentias dicere licet.* Il tient un langage bien différent des Empereurs qui les avoient précedés. *Nobilitas, opes, omissi, gestique honores pro crimine & ob virtutes certissimum exitium,* Il tire de la gloire pourtant de ce que ces malheureux tems, où la perfidie dominoit, produisirent plusieurs traits d'amitié, & d'une généreuse fidélité: *non tamen adeo virtutum sterile seculum ut non & bona exempla prodiderit*

On voit qu'il est passionné d'un caractère vertueux, comme étoit celui de *Labeon*: *Labeo incorrupta libertate, & ob id fama celebratior*: celui encore de *Lepide*,

Hunc ego Lepidum temporibus illis, gravem & sapientem virum fuisse comperio: nam pleraque ab sævis adulationibus aliorum in melius flexit: & de *Pison* Chef des Pontifes; *nullius servilis sententiæ sponte auctor*. Que la mort & les derniéres paroles d'*Arruntius* sont intéressantes, elles conviennent à un vrai Citoyen, & à un Prophète! Combien méprisables partout, combien malheureux, & mal assurés sont les Tyrans, les flatteurs & les ministres de l'Injustice! J'ai marqué plus haut ce qu'il dit des premiers. Voyez sa noble indignation contre les autres: *tempora infecta, & adulatione sordida fuere. Fœdaque, & nimia censerent. Adulatio perinde anceps si nulla, & ubi nimia est. Delatores genus hominum in exitium publicum repertum, perniciem aliis, ac postremo sibi invenere*. Quelle odieuse vermine est *Vatinius*! quel exécrable belitre est *Tigellin*! quels infames flagorneurs sont *Capiton* & *Vitellius*! quel horrible parricide est *Serenus*, accusateur de son propre pere & de tous les honnêtes gens!

SECTION V.

Le Style de Tacite *convenable à son sujet. Combien il est heureux dans ses expressions : sa prétendue obscurité ne lui a été reprochée que par les Modernes.*

OUtre la grandeur & la dignité de son expression, son admirable briéveté le rend recommandable ; quelque peu de mots qu'il emploie, son Style est plein de suc, & donne beaucoup à penser : Il peut être comparé à la parure de *Poppée* qu'il décrit lui-même, *velata parte oris ne satiaret aspectum vel quia sic decebat.* Il fait eclater les idées, & laisse ensuite agir l'imagination ; l'échantillon qu'il donne à ses Lecteurs leur fait souhaiter de voir la piéce entiére, & ils ont le plaisir de partager avec l'ouvrier le mérite de la développer. C'est une complaisance que des Auteurs de mérite ont manqué d'avoir pour leurs Lecteurs.

Je ne puis m'empêcher de dire que M.

Mr. *Locke* est trop diffus; que la clarté & la force de ses propositions sont souvent affoiblies, par des explications trop étendues. Le Style du Docteur *Tillotson* est beaucoup meilleur. Il est certainement beau, mais trop abondant : il y a apparence qu'il le trouva propre pour des Discours publics. La vivacité de son esprit avec les tours fins & ingénieux que l'on trouve en divers endroits de ses Ecrits, font croire qu'il auroit pu être serré & plein de sens s'il avoit voulu. Personne n'a plus de respect que moi pour ces deux grands noms, c'est sans aucune mauvaise intention que je parle d'eux en cette occasion, comme aussi de l'illustre Chancelier *Clarendon*, dont le Style grave & important est surchargé, obscurci, j'ose dire encore affadi par une trop grande abondance de paroles.

Le Style diffère selon le genie de l'Auteur; celui de *Tacite* lui est propre : c'est un langage mâle, propre à exprimer les productions d'un genie plein de vigueur; les réflexions fortes & nombreuses qu'on y trouve le mettent au dessus de tous les Ecrivains qui l'ont precedé ou qui l'ont suivi. Ajoutons que le fil de sa narration est souvent rompu par ses personnages historiques. Il les fait discourir pour & contre : de sorte qu'une grande partie de son Histoire sort de leur bouche, avec des expressions qui conviennent au caractère de chacun. Il est aisé de voir aussi qu'à mesure qu'il avançoit en âge, son Style devenoit plus exact & concis; celui de son Histoire est plus abondant & plus fleuri que celui de ses annales; & ce qu'on auroit regardé dans un autre Ecrivain comme un défaut, étoit en lui l'effet de son jugement; ses Ouvrages ne sont pas faits pour le commun des Lecteurs, quelques éclaircissemens que l'on donne à son Latin & à son Style. Il n'y a que ceux qui sont au timon de l'Etat, ou qui ont des emplois publics, qui soient capables de les entendre. *Plutarque* apprit la Langue des Romains en étudiant les affaires de Rome; on ne sauroit de même entendre *Tacite* sans la connoissance du monde, & sans celle des principes, & de la conduite du Gouvernement.

Le bon sens ne permet pas de souhaiter dans les Ecrits de *Tacite*, le tour & l'abondance du Style de *Tite-Live*. Ils écrivoient en des tems fort différens & sur un Gouvernement d'une différente constitution ; de là vient que *Tacite* a eu d'autres événemens à raconter & d'autres hommes à caractériser. Son sujet a roulé principalement sur les artifices d'une Politique maligne ; les beaux semblans des gens en place ; la jalousie, la fureur, & le caprice des Princes, qu'on souffroit sans la moindre résistance ; la flatterie des Grands ; le ravage causé par les Délateurs & l'avilissement général des personnes de toutes les conditions : certainement les tristes réflexions, les plaintes, & la censure sont le résultat ordinaire d'une pareille matiére. *Nobis in arcto, & inglorius labor : mœstæ urbis res* &c. *Tite-Live* avoit un champ plus vaste, & plus diversifié ; l'Histoire d'une République naissante formant toujours de nouveaux projets de conquêtes, allant toujours de victoire en victoire, cela fournissoit à l'Historien un fonds inépuisable de Panégyriques, & l'on peut dire que son Style étoit fleuri comme la République dont il écrivoit l'Histoire étoit florissante : *Ingentia bella, expugnationes urbium, fusos captosque reges, discordias Consulum adversus Tribunos, agrarias frumentariasque Leges, plebis*

& optimatium certamina, libero egressu memorabat. Annal. 4. 32. Il ne faut pas douter que *Tacite* n'eût employé un autre Style s'il avoit voulu, peut-être même celui de *Tite-Live* dont il nous a donné un échantillon dans le passage que je viens de rapporter : mais notre Auteur avoit un autre dessein, & des sujets d'une nature différente : un Style différent du sien, le Style coulant & nombreux de *Tite-Live* n'auroit point répondu à son plan. Je m'imagine aussi qu'aucun des Lecteurs qui entendent *Tacite* ne voudroit qu'il se fût servi d'un autre Style. Il y a des charmes dans son tour, & dans ses mots, de même que dans ses pensées ; & la parure qu'il s'est appropriée est la seule qui pût lui convenir.

Il est surprenant qu'aucun des Anciens qui ont fait mention de lui n'ait parlé de l'obscurité de son Style : c'est une découverte des Modernes. Il a cela de commun avec les autres Auteurs Classiques. On ne peut pas dire qu'il ait donné plus d'embarras aux Commentateurs qu'*Horace*, *Ciceron*, *Pline*, *Salluste* &c. Son Latin est véritablement pur & classique ; il n'a presque point de termes qui n'ayent été employés par des Auteurs approuvés, & il lui arrive rarement d'attacher de nouvelles idées à de vieux mots. Si ses Ecrits n'étoient pas obscurs pour les gens d'esprit de son siécle, comme on a lieu de le supposer, n'est-ce pas une imprudente présomption aux Modernes de regarder son obscurité comme un défaut? Il écrivoit il y a dix sept siécles dans une Langue qui est à présent morte. Lorsque l'Empereur *Tacite* ordonna que l'on mît des Copies des Ouvrages de notre Historien dans toutes les Bibliothèques, & que pour leur conservation il voulut qu'on les copiât dix fois l'année, il ne chargea aucun Grammairien d'en expliquer les passages obscurs, quoi qu'il fût mort depuis deux cens ans. Les grands Ecrivains ont droit de se prescrire à eux-mêmes leurs propres règles, pour le tour & la phrase, sans s'assujettir à celles dont les petits Grammairiens & les Gens de Collége s'entêtent.

Milton a un Style, & des règles de langage qui lui sont propres; ceux qui goutent la beauté de son génie souhaiteroient qu'il fût plus châtié, & plus à la mode, dans son tour. Pour moi j'aime les phrases de *Milton* lors même qu'elles détonnent : Je parle principalement de sa Poësie; à l'égard de sa Prose j'en parlerai dans la suite.

Lorsque le sujet change, le Style doit changer de même; celui de *Tacite* convient au sujet qu'il traite & au but qu'il se propose; s'il eût été plus aisé & plus familier, il n'eût pas été si juste & si beau. Rien ne me plaît tant que sa maniére d'écrire; ses termes & ses phrases sont admirablement ajustés à son sujet, & à sa maniére de penser. Ils font une impression soudaine & merveilleuse dans l'ame du Lecteur. La déplorable condition de l'Empereur *Vitellius* lorsque la fortune lui eût tourné le dos & qu'il se vît abandonné de tout le monde, est aussi fortement & tragiquement exprimée par les termes de l'Historien qu'il soit possible. *Terret solitudo & tacentes loci; tentat clausa; inhorrescit vacuis, fessusque misero errore, & pudenda latebra semet occultans, à Tribuno cohortis protrahitur: vinctæ pone tergum manus; laniata veste, fœdum spectaculum ducebatur, multis increpantibus*; il ajoute *nul-*

lo inlachrymante; la raison qu'il en donne est belle & judicieuse : *deformitas exitus misericordiam abstulerat.* Ce qui suit est exprimé d'une maniére aussi touchante que le sont les premiéres approches d'un si grand désastre. *Vitellius captâ urbe, per adversam palatii partem, Aventinum in domum uxoris sellula defertur, ut si diem latebra vitavisset Terracinam perfugeret : dein mobilitate ingenii, & quæ natura pavoris est, cum omnia metuenti, præsentia maxime displicerent, in palatium regreditur, vastum desertumque; dilapsis etiam infimis servitiorum, aut occursum ejus declinantibus.*

Est-on en droit de blâmer *Tacite* de son épargne dans les mots, quand il trouve le moyen d'en exprimer tant d'images ? *Is habitus animorum fuit, ut pessimum facinus auderent pauci, plures vellent, omnes paterentur !* Quoi de plus heureusement exprimé que la situation de *Galba* à qui l'Empire avoit été déja arraché sans qu'il en sût rien ? *Ignarus interim Galba, & sacris intentus, fatigabat alieni jam imperii Deos.* Ce que l'Auteur dit d'*Othon*, proclamé Empereur par vingt-trois soldats seulement, lorsqu'il s'avançoit vers le Camp, & *pauci-*

tate salutantium trepidus; la conduite, & la soumission de ceux qu'il trouva sur son chemin sont racontées avec une justesse surprenante. *alii conscientia, plerique miraculo; pars clamore & gladiis, pars silentio, animum ex eventu sumpturi.* Ce qu'il rapporte des augures & des prodiges qu'on observa durant les guerres civiles, & la querelle des compétiteurs de l'Empire: *Cœlo terraque prodigia, & fulminum monitus, & futurorum præsagia læta, tristia, ambigua, manifesta* Que lit on de plus merveilleux, & de plus sublime dans *Lucrece* même? Lorsque *Neron* se deshonoroit lui, & l'Empire Romain, qu'il se ravaloit au point de jouer le rolle de Baladin sur le Théatre public, combien la conduite, & les sentimens de *Burrhus* sont-ils décrits d'une maniére touchante en quatre mots, *adstabat Burrhus mœrens & laudans?*

SECTION VI.

Caractère général des Ouvrages de Tacite.

On ne finiroit point si l'on vouloit tirer de son Livre tous les exemples d'une expression forte & vive : Il est merveilleux d'un bout à l'autre, plein de sagesse & de vertu ; rempli de traits surprenans d'un génie & d'un sens supérieurs. Il ne paroît pas pourtant qu'il se pique d'exprimer de grandes pensées ; les plus belles choses coulent de sa plume comme si elles étoient communes, il les dit naturellement, & ne s'arrête sur aucune, à cause qu'il en produit toujours de nouvelles. Lorsque le Lecteur sent son imagination frappée, qu'il veut s'arrêter & réflechir sur ce qu'il vient de lire, il n'en a pas le tems ; il est comme forcé de continuer : il se sent frappé de même à chaque période, & pense dans tout le cours de sa Lecture que la derniére réflexion qu'il vient de lire est la meilleure.

Son Livre est un thrésor de bon sens, & sera toujours à l'épreuve du tems & de la censure. Ce ne sont point de jolies bagatelles que le caprice produit, & qui ne chatouillant que l'imagination, ne plaisent qu'un instant. Les beautés de ses Ouvrages sont solides, & sans fard, c'est un fonds inépuisable de leçons de prudence & de sagesse qui charme toujours les personnes de bon sens. J'ai vu plusieurs Ecrits d'une raisonnable longueur & qui ont eu de la réputation, tirés uniquement d'un certain nombre de maximes courtes de *Tacite* artistement allongées & paraphrasées : c'est une matiére abondante pour des Ecrivains superficiels qui ont d'ailleurs du style & du discernement.

On trouve un portrait de *Tacite* court & excellent dans les Epigrammes d'Owen.

Veracem fecit probitas, natura sagacem,
Obscurum brevitas te, gravitasque brevem. Epig. 157.

» La probité t'a rendu sincère, la na-
» ture t'a donné de la pénétration, la
» briéveté t'a rendu obscur, & la gravi-
» té de ton esprit t'a rendu concis.

SECTION VII.

Tacite *justifié sur ce qu'on prétend qu'il tire les événemens de causes trop rafinées.*

ON l'accuse aussi d'outrer la finesse & la subtilité, de faire les actions de ses principaux personnages, les plus innocentes & les plus spécieuses, le résultat d'un mauvais dessein, & d'un méchant cœur : d'attribuer à la ruse & à la politique ce qui n'étoit souvent que l'effet de la passion, & d'un penchant naturel. Cette imputation est à mon avis sans fondement : *Tacite* décrit les affaires & les hommes tels qu'ils sont : les actions des Particuliers conformes à leur caractère, leur situation, & leurs vûes : il représente les délibérations comme partant des sources qui vraisemblablement ont dû les produire. Examinons son Histoire du règne de *Tibere* qui a donné lieu principalement à cette censure.

La premiére action de son règne fut l'assassinat d'*Agrippa* petit-fils d'*Auguste*.

Tibere en donna l'ordre, & le désavoua; il menaça même le Centurion qui l'avoit exécuté, de l'en rendre responsable au Sénat. C'est-là le récit que nous en donnent *Tacite*, & *Suétone*; le premier ajoute que cela se fit par jalousie d'Etat, & pour se défaire d'un rival; quelle autre raison peut-on en donner? Il avoit déja fait voir le peu de vraisemblance qu'il y avoit que le coup fût parti d'un ordre d'*Auguste*, comme *Suetone* l'assure. Rien n'étoit plus naturel que les craintes que *Tibere* avoit conçues de *Germanicus*; c'étoit un jeune Prince adoré du peuple, & à la tête d'une grande Armée qui souhaitoit de l'avoir pour Empereur au lieu de *Tibere*. C'est un fait fondé sur de bons témoignages. Où est donc l'excès de rafinement de représenter *Tibere* occupé à imaginer les moyens de se délivrer d'un Prince si fort à craindre, & si accrédité, en l'eloignant premiérement des Légions qui lui étoient si attachées, & ensuite de Rome pour toujours; tandis qu'en même tems il lui prodiguoit les louanges & les honneurs? N'est-ce pas là le train ordinaire des Cours qui ont les mêmes vûes & les mêmes craintes? N'est-ce pas l'usage en Turquie de combler un Bacha de présens de la part de l'Empereur, de lui donner un Gouvernement considérable, & de le faire mourir avant qu'il ait eu le tems de s'y rendre?

L'Autorité Souveraine n'est-elle pas toujours accompagnée de craintes & de ruses; & *Tibere* n'a-t-il pas été généralement reconnu pour un Prince extrêmement soupçonneux, rusé & cruel? Quel étoit donc son dessein lorsqu'il donnoit aux Grands de Rome, les Gouvernemens des Provinces où il ne leur permettoit point d'aller, les retenant dans la Capitale chargés d'un vain titre? Que prétendoit il en continuant d'autres Gouverneurs dans la possession de leurs Provinces pendant une longue suite d'années, & même souvent pendant toute leur vie? Tout cela ne partoit-il pas de sa défiance pour les premiers, & de ce qu'il n'osoit changer les autres dont il croyoit être plus sûr que de ceux qu'il auroit pû mettre à leur place? *Tacite*, bien loin de vouloir pénétrer dans sa politique à cet égard, & de décider sur cela avec trop de subtilité, se contente de rapporter les sentimens des autres : *alii tædio novæ curæ, semel placita pro æternis servavisse : Quidam invidia, ne plures fruerentur. Sunt qui existimant ut callidum ejus ingenium ita anxium judicium ; neque enim eminentis virtutes sectabatur, & rursùm vitia oderat : ex optimis periculum sibi, à pessimis dedecus publicum metuebat.* On n'a jamais rien dit de plus éloigné de la prévention, rien de plus juste & de mieux pensé. La duplicité & la contrariété naturelles au cœur de l'homme seront toujours la cause de l'incertitude & de la contradiction de sa conduite. On tombe d'accord que *alieni appetens, sui profusus* sont des traits fidèles du tableau de *Catilina*, & l'on regarde cette expression comme une des plus belles & des plus fortes de *Salluste*. Celle-ci de *Tacite* ne lui est peut-être pas inférieure, pour la beauté, la force & la justesse : *neque eminentis virtutes sectabatur, & rursùm vitia oderat* ; la raison qu'il en donne est également juste & fine : *ex optimis periculum sibi, à pessimis dedecus publicum metuebat.* N'est-ce pas peindre les mouvemens de la nature & de l'amour propre, dans la conduite, & dans la Politique de *Tibere* ? Un grand nombre de ſes actions & de ſes deſſeins racontés par *Tacite* ſe trouvent appuyés du témoignage des Hiſtoriens contemporains, *Suétone*, *Pline*, *Dion*, *Caſſius*, & autres : pluſieurs actions de *Tibere* qu'ils avoient omiſes, ont été rapportées par *Tacite* avec tant de vraiſemblance & de conformité au reſte de ſa conduite, qu'il faut révoquer en doute le Caractère généralement attribué à *Tibere*, ou s'en tenir à celui que nous en a donné *Tacite*.

La diſſimulation de ce Prince qui ne ſe démentoit point, étoit connue de tout le monde. Dès le commencement, tandis qu'il jouoit effrontément le rolle de Souverain avec toute la pompe, & tout le pouvoir attachés à la majeſté de ce poſte, il refuſa publiquement l'Empire : voici ce qu'en dit *Suétone : Principatum quamvis occupare confeſtim, neque agere dubitaſſet, vi & ſpecie dominationis aſſumptâ : diu tamen recuſavit impudentiſſimo animo :* remarquez que ce n'eſt pas *Tacite* qui s'exprime ſur ce ſujet d'une maniére ſi outrageuſe.

Si *Tacite* le repréſente poſſédé de crainte & de haine contre les Grands de Rome, & les Sénateurs distingués par leur réputation, les autres Historiens, & les faits mêmes ne s'accordent-ils pas avec ce qu'il avance ? *Tibere* n'étoit-il pas continuellement attentif à les détruire jusqu'à ce qu'il en fût venu presqu'entiérement à bout ? de vingt personnes d'entre les principaux habitans de Rome, (*Principum Civitatis*) qu'il avoit demandé au Sénat pour les honorer de sa confidence, & s'aider de leurs conseils, il n'en laissa que deux ou trois en vie; il fit périr tout le reste par des embuches, & en leur supposant des crimes. *Horum omnium vix duos aut tres incolumes præstitit : Cæteros alium alia de causa pertulit*, dit *Suétone*. Est-ce par un excès de rafinement que *Tacite* découvre ce qui est démontré par la vérité du fait ? N'est-ce pas le même *Suétone* qui dit, *multa specie gravitatis, ac morum corrigendorum, sed magis naturæ obtemperans, sæve & atrociter factitavit.* „ Il lui étoit ordinaire de commettre „ des actions barbares & atroces, sous „ une belle apparence de justice & de „ réformation des mœurs, mais dans „ la vérité c'étoit pour s'abandonner à

„ la

» la cruauté de son naturel ». *Suétone* seroit il aussi trop pénétrant, l'Historien du monde le plus simple, & qui cherche le moins à faire des réflexions? Pour quelle raison *Tibere* souffrit-il patiemment que les frontiéres de l'Empire fussent envahies, & que des Provinces entiéres devinssent la proie des Nations Barbares? n'étoit-ce pas la répugnance qu'il avoit de confier le commandement des Armées à un habile Général, ce qu'il craignoit plus que toute autre chose?

Il affectoit de tirer toute sa puissance du Sénat auquel il ne laissoit qu'une ombre d'autorité, qu'il regardoit même avec jalousie; c'est une vérité constante, & un sentiment naturel qu'on peut découvrir sans un excès de raffinement. *Cromwel* n'en usoit-il pas de même? Tous les hommes ne veulent-ils pas avoir du crédit & de l'autorité à quelque prix que ce soit, ne font-ils point parade de l'observation des Loix, & ne chargent-ils pas les autres de la haine qu'excite la violence de leur procédé tyrannique? Peut-on dire ni penser que le Sénat approuvoit les coups de Despotisme de *Tibere*, les fréquentes accusations des plus dignes Membres, & des plus gens de bien de ce Corps illustre, que leurs Confreres étoient forcés de condamner ? Chacun d'eux craignoit d'avoir le sort de celui qu'il voyoit périr, ce qui fortifioit de plus en plus leur haine pour le Tyran & leur servile condescendance. *Tibere* savoit qu'il s'étoit attiré leur haine, *reputante sibi publicum odium.* Peut-on croire qu'il les aimât, ou qu'il pût y avoir de part ou d'autre de la bonne foi ou de la confiance ? Quelle conséquence peut-on tirer de sa retraite dans l'Isle de Caprées, de son éloignement continuel de Rome, sinon qu'il se défioit du Sénat, & du peuple ? Un moment avant qu'il expirât, après avoir fait une petite course sur le Continent, il s'étoit retiré à la hâte dans sa taniére ; *non temere quidquam nisi ex tuto ausurus* ; afin d'y prendre des mesures pour se venger du Sénat dans les actes duquel il avoit lu qu'on avoit renvoyé absous des accusés ; quoiqu'il eût écrit au Sénat que ces personnes avoient été nommées uniquement par le délateur.

Pro contempto se habitum fremens, repetere Capreas quoquo modo destinavit non temere &c. Cela est aussi rapporté par *Suétone*. Il est certain que le Sénat fut toujours en bute à la haine & à la jalousie des Tyrans : quelques-uns d'entre eux, sur-tout *Caligula* & *Neron*, avoient résolu d'exterminer cette auguste Compagnie par un massacre général de tout le corps des Sénateurs.

SECTION VIII.

Nouvelles preuves de la bonne foi de Tacite, *& de son attachement à la vérité de l'Histoire.*

TACITE ne représente point *Tibere* pire qu'il n'étoit : on peut dire même qu'il l'épargne. Quand il dit qu'il condamna presque toute sa famille à l'exil, aux rigueurs de la faim, & au bourreau ; que la cruauté de ses soupçons & son extrême défiance s'étendirent jusqu'aux femmes, jusqu'à sa mere même, jusqu'aux enfans, parens, & étrangers : ce sont des faits incontestables. *Tacite* ne rapporte aucun trait de la conduite, ou de la Politique de *Tibere* qui ne résulte naturellement du caractère de l'homme, & du pouvoir dont il étoit revêtu. Il arrive souvent à *Tacite* de dire du bien de ce Prince, dont il ne pouvoit se dispenser de dire du mal sans passer sous silence presque tout son règne. Tout le sixiéme Chapitre du quatriéme Livre des Annales est un beau Panégyrique sur la modération & la sagesse du Gouvernement de *Tibere*, pendant les huit années précédentes. *Publica negotia, & privatorum maxima, apud Patres tractabantur : dabaturque primoribus disserere, & in adulationem lapsos cohibebat ipse ; mandabatque honores, nobilitatem majorum, claritudinem militiæ, inlustres domi artes spectando : ut satis constaret non alios potiores fuisse. Sua Consulibus, sua Prætoribus species : minorum quoque Magistratuum exercita potestas ; Legesque, si majestatis quæstio eximeretur, bono in usu &c.*

Qu'y a-t-il de plus beau que ce qu'on vient de lire ? Est-ce que les autres Historiens ne conviennent point que *Tibere* devint pire de jour en jour; qu'il avoit pendant long-tems comme étouffé ses vices, & qu'à la fin il poussa la dissimulation jusqu'au dernier point? Est-il juste de faire un crime à notre Historien de ce qu'il dévelope les finesses & les artifices d'un Prince qui ne respiroit que la ruse & l'artifice? *Tacite* ne le fait-il pas voir du bon & du mauvais côté? ne le justifie-t-il pas souvent, contre la fausse opinion & les bruits qui avoient couru parmi le peuple? *Non crediderim ad ostentandam sævitiam, movendasque populi offensiones, concessam filio materiem; quanquam id quoque dictum est.* Ann. I. C. 76.

Tibere n'est-il pas représenté donnant un adoucissement à une Sentence rigoureuse du Sénat qui avoit banni un criminel dans une Isle stérile & abandonnée, disant pour raison qu'à ceux à qui on donnoit la vie il falloit aussi laisser les nécessités de la vie: *dandos vitæ usus cui vita concederetur?* Ne voit on pas ce Prince dans un autre endroit refusant une augmentation d'autorité, & donnant des raisons de son refus comme l'auroit fait un Républicain? Cependant *Tacite* ne l'accuse pas de dissimulation à cet égard.

On ne voit point dans notre Historien de fausses couleurs, le vrai mérite n'y est jamais noirci, & les mauvaises qualités n'y sont jamais déguisées. Ses représentations sont justes par-tout, & il rend une égale justice à tout le monde. *Tibere* est un Prince dangereux, sa perfidie & sa cruauté sont extrêmes, mais il a un grand nombre de belles qualités naturelles & acquises. Il modere les excès des autres avec beaucoup de prudence, lorsqu'il n'est point poussé par son ressentiment personnel : *prudens moderandi ubi propriâ irâ non impelleretur.* Il aime une puissance sans bornes, cependant il refuse constamment les honneurs fastueux qu'on lui défère : *spernendis honoribus validus,* C'est un Tyran insigne, mais il observe les règles de l'ancienne économie : *Antiquæ parcimoniæ princeps :* jaloux de ses droits jusqu'à la fureur, il laisse aux Loix toute leur force dans toutes les affaires, où il ne s'agissoit point de lése Majesté : *Leges, si Majestatis quæstio eximeretur, bono in usu.* Il est inéxorable quand il ſonge à ſe venger : par-tout où il porte ſa jalouſie, & ſon reſſentiment, il eſt ſûr qu'on va voir de terribles cataſtrophes : cependant *Tacite* regarde le bruit qui avoit couru parmi le peuple, que *Tibere* avoit empoiſonné ſon fils, comme incroyable & fabuleux. On voit dans ſes Ecrits bien d'autres exemples d'une équité ſinguliére. Il épargne ſouvent l'Homme, mais il ne donne aucun quartier au Tyran.

Claude étoit un Prince ſtupide, preſque un véritable benêt, n'ayant de raiſon & de ſentiment qu'autant qu'on lui en inſpiroit ; cependant notre Hiſtorien avoue qu'il avoit du bon ſens par intervalles. Il fit de lui-même quelques actions raiſonnables ; donna de bons conſeils au Roi des Parthes ; & ne manquoit point d'élégance dans ſes diſcours quand il avoit eu le tems de s'y préparer. *Tacite* reconnoît que l'eſprit de domination eſt ombrageux, & ne ſouffre point de Compagnon : il rapporte pourtant comme une exception à cette règle, l'amitié & l'union qui étoient entre *Germanicus* & *Druſus* à la Cour de *Tibere*, quoique leurs divers intérêts l'euſſent partagée en factions. Il reconnoît l'amitié de *Drusus* pour les enfans de *Germanicus*, quoique le partage de l'autorité & l'union des cœurs s'accordent rarement ensemble.

Tacite conserve la même modération, & la même justice dans la conduite & dans le caractère de *Galba*, d'*Othon*, comme dans celui de *Néron* & de *Vitellius*, quoique ce soit son dessein de faire connoître les injustices & les horreurs de leur Gouvernement tyrannique.

Voilà quelques-unes des objections que l'on a faites contre les Ouvrages de notre Historien; elles sont très-mal fondés à mon avis. Il est moins rafiné que ses Censeurs à qui une fausse délicatesse & la démangeaison de faire paroître leur pénétration, a fait écrire des Observations tirées par les cheveux. Ils ont traité *Tacite* comme ils prétendent qu'il a traité *Tibere*; ils corrompent & noircissent ses vûes & subtilisent trop, pour être capables de lui rendre justice. *Tacite* débrouille avec tout le discernement d'un habile Historien, la conduite mystérieuse de *Tibere*; sa mere le tenoit en respect,

respect, il craignoit *Germanicus*, la jalousie des Grands le retenoit ; c'est dans le dessein de les amuser, de leur complaire, ou de les tromper tous, qu'il gouverne, & qu'il agit avec tant de sagesse, & de modération, malgré le penchant de son naturel hautain & tyrannique. Mais lorsqu'il se fut bien affermi ; que *Germanicus* & sa mere furent morts ; qu'il eut opprimé une partie des Grands de l'Empire & inspiré la terreur à tout le reste ; sur-tout lorsqu'il fut hors de la vûe des Romains ; n'est-il pas très-véritable qu'il lâcha la bride à son naturel, & qu'il s'abandonna à toute sorte d'excès de débauche & de cruauté ? *Cuncta simul vitia male diu dissimulata, tandem profudit*. Ce n'est point *Tacite* qui dit cela.

Tibere ne se jouoit-il pas continuellement du Sénat qui étoit toujours sa dupe ? D'abord il ne vouloit pas accepter l'Empire quoiqu'il en fût déja en possession : quelquefois il en étoit las, disoit-il, & vouloit de tems en tems s'en démettre absolument. Avant que de quitter la Capitale il fit semblant de vouloir visiter les Provinces ; on fit pour cela de grands préparatifs, & lorsqu'on s'y attendoit le moins il se retira à Caprées. Il amusoit le Public de l'espérance de son retour à Rome, jusques-là qu'il demanda un des Consuls pour le garder. Il porta la supercherie si loin qu'il visitoit souvent le Continent & alloit jusqu'au pied des murs, & des Jardins de Rome où il n'entra plus, il ne visita point les Provinces, & n'eut jamais la pensée de se démettre de l'Empire. Le mot de République étoit toujours dans sa bouche dans le tems même qu'il faisoit les actions les plus tyranniques : il affectoit une extrême modération lorsqu'il méditoit les plus grandes cruautés, & alléguoit les Loix & la clémence dans le tems qu'il donnoit des exemples de sévérité & d'injustice.

La malignité de ce Prince dans le choix d'un Successeur scélérat a été plus remarquée par *Suetone* que par *Tacite*, qui avoue qu'il avoit eu la pensée d'en nommer un autre. *Suetone* assure en termes exprès que *Tibere* disoit ordinairement qu'il élevoit un Dragon qui dévoreroit le Peuple Romain ; un Phaëton qui mettroit en feu la terre entiére. *Tacite* est appuyé par *Suetone* dans ce qu'il rapporte du bruit qui couroit touchant le motif qui détermina *Auguste* à adopter *Tibere*; *Ambitione tactum, ut tali successore desiderabilior ipse quandoque fieret.* Suet. in Tib. C. 21. La même chose est attestée encore par *Dion Cassius*.

SECTION IX.

Tacite *injustement censuré par Mr.* Bayle: *combien le premier entendoit & observoit exactement les loix de l'Histoire.*

MR. *Bayle* dans son *Dictionnaire Critique* à l'Article de *Tacite*, cite quelques passages d'un Livre intitulé *Anonymiana*, où *Tacite* est critiqué de la maniére que nous avons rapportée plus haut, & donne son approbation à ces passages. J'en suis peu surpris à cause que Mr. *Bayle*, malgré son savoir immense, sa pénétration & sa bonne foi, avoit une prévention étrange, &, si je l'ose dire, dénaturée pour le Gouvernement arbitraire, quoiqu'il s'y fût soustrait pour se réfugier dans un Etat libre. Il peut servir de preuve que les plus grands esprits sont sujets aux plus grandes foiblesses. Qui peut se flatter d'être à couvert des préjugés quand on voit qu'un aussi grand génie, si désintéressé & si Philosophique, que l'étoit Mr. *Bayle*, n'en étoit pas exempt? Il dit lui-même de *Tacite*, *qu'il y a bien à reprendre dans l'affectation de son langage, & dans celle de rechercher les motifs secrets des actions & de les tourner vers le criminel.* J'ai déja prouvé que cette accusation est sans fondement. La censure de Mr. de S. Evremond contre *Tacite* est encore moins digne d'être considérée. Ses Observations sont superficielles, pour ne rien dire de plus. Je n'ai trouvé dans ses Ouvrages presque aucune remarque politique qui soit remarquable pour la force, & pour la solidité. Dans ce qu'il a écrit sur les Romains, il n'a rien approfondi, & s'est souvent trompé.

Tacite connoissoit parfaitement les loix de l'Histoire; il blâme les relations pleines de partialité, ou d'emportement, que l'on avoit données des règnes dont il a écrit l'Histoire. Celles qui furent écrites sous le règne des Empereurs mêmes étoient falsifiées par la crainte qu'inspiroit leur tyrannie, & après leur mort les Ecrivains se livroient aux sentimens d'exécration qu'avoient causé leurs derniéres cruautés. *Tacite* n'étoit poussé par aucun de ces motifs : également dégagé de toute inclination & de tout ressentiment, il étoit convaincu que la vérité inviolable devoit être l'unique but d'un Historien, & que l'amitié ou la haine ne devoient point entrer dans ses Ouvrages; *nec amore quisquam, & sine odio ducendus est*. Il dit à l'égard de *Galba*, d'*Othon* & de *Vitellius* que ces Empereurs ne lui étoient connus par aucun bienfait ni par aucun mauvais office qu'il en eût reçu. On peut s'assurer de la même chose à l'égard d'*Auguste*, de *Tibere*, de *Caligula*, de *Claude* & de *Neron*. Il montre combien la vérité de l'Histoire avoit été corrompue, premiérement par la flatterie, ensuite par le ressentiment, & il proteste qu'il est exempt de ces deux passions : je suis persuadé qu'il a dit vrai.

SECTION X.

Justification de ce qui se trouve de faux dans Tacite *à l'égard des Juifs & des Chrétiens ; & de son peu d'égard pour la Religion de son Pays.*

ON a encore accusé *Tacite* d'avoir donné une fausse idée des Juifs & des Chrétiens ; & de n'avoir eu aucune Religion.

A l'égard des Juifs il suivoit les traditions & les récits qui en couroient parmi les Romains : il rapporte les différentes relations qu'on en avoit, il n'y ajoute rien du sien, & n'y donne aucun mauvais tour. Leur Nation faisoit peu de figure ; presque toujours sous le joug d'une plus grande Puissance voisine, des Assyriens, des Egyptiens, des Grecs, & enfin des Romains, ils étoient méprisés généralement de toutes les Nations autant que les Juifs les haïssoient toutes. Les Juifs n'avoient ni compassion ni charité pour les Payens & les Incirconcis.

Perſuadés que le Tout-puiſſant n'aimoit que leur Nation, ils s'imaginoient qu'il avoit en horreur toutes les autres ; auſſi déteſtoient-ils le reſte du Genre humain. Ce que *Tacite* dit d'eux n'eſt que trop vrai, *adverſus omnes alios hoſtile odium*. Ils avoient auſſi un ſoin continuel de dérober leurs myſtères aux yeux des Payens, qui n'étoient pas blâmables d'ignorer ce qu'il ne leur étoit pas permis de ſavoir. Avec tout cela *Tacite* n'étoit pas mal informé à certains égards, ſur-tout à celui de leur notion ſur la Divinité ; de leur averſion pour les Images, & pour les reſpects d'adoration rendus aux Empereurs : *nulla ſimulacra urbibus ſuis ; non regibus hæc adulatio, non Cæſaribus honor*.

Il eſt certain qu'à l'égard de l'Evangile, il ignoroit abſolument ce qui en étoit ; autrement il n'auroit pas donné un portrait auſſi odieux de ceux qui en faiſoient profeſſion : d'autant mieux qu'il n'y a point d'apparence que les Chrétiens d'alors euſſent dégéneré au point de faire deshonneur à la Religion Chrétienne. *Tacite* n'avoit point eu d'occaſions d'être mieux informé ; le Chriſtianiſme ayant commencé par les gens du bas peuple, n'avoit pas encore vraisemblablement gagné un assez grand nombre de personnes de distinction, pour le rendre considérable parmi le grand monde. Notre Auteur regardoit cette Secte en Politique, comme étant incompatible avec les Loix de Rome; & comme menaçant l'Etat d'innovations & de troubles. Il y a apparence aussi qu'il avoit ajouté foi aux calomnies que l'on répandoit contre les mœurs & les assemblées de ces gens-là. Quand même il auroit été mieux instruit, il ne pouvoit pas embrasser l'Evangile sans être éclairé par le Saint Esprit; il auroit fallu changer son cœur pour lui rendre croyables la résurrection des corps, & la mort du Fils de Dieu sur une Croix. Il ne laisse pourtant pas de rendre justice aux Chrétiens en ce qu'il les défend contre les calomnies de *Neron*, & qu'il expose à la détestation publique le traitement barbare que leur fit ce Tyran.

Pour ce qui est du peu de cas que notre Historien faisoit de la Religion dominante, je ne saurois le blâmer beaucoup, quand je considère les absurdités qui la composoient. C'étoit un Culte rendu à des Divinités foles & impures, par des Sacrifices, & des cérémonies vaines & ridicules. Et ces Dieux étoient le fruit de l'imposture & de l'illusion. Il ne s'y agissoit pas d'un cœur pur & de mœurs innocentes, deux choses avantageuses aux hommes, & à la Société; mais de sons, de gesticulations, du sang des animaux: nulle vérité, nul bon sens, nulle droiture. Au lieu de cela, des Oracles menteurs, des mystères bizarres, des imaginations extravagantes: quelquefois même des actes publics d'impureté, souvent de folie & de fureur; & jamais de vertu & d'abstinence. On ne s'avisoit jamais de penser que les calamités publiques fussent la punition des vices, & de la dépravation des mœurs; & qu'il fallût les détourner par une Réformation générale. Les Dieux n'étoient offensés que lorsqu'on avoit omis, ou qu'on n'avoit pas bien observé quelque cérémonie pleine de grimaces; & c'étoit par des cérémonies & des grimaces, qu'on appaisoit leur courroux. Quel étoit l'homme de bon sens qui pût, sans faire tort à son jugement, croire & respecter des Dieux à qui l'on attribuoit une mauvaise humeur, & des caprices qu'on ne pardonne qu'à des enfans, à des Singes ou à des Phrénétiques ? Lorsque la Religion est une superstition toute pure, soutenue uniquement par une croyance aveugle; que ses cérémonies sont bizarres, furieuses & cruelles, comme étoient la Religion, les Dieux & le culte des Payens, c'est renoncer au bon sens que de suivre une telle Religion. On sait le peu d'égards que Ciceron avoit pour les Dieux de cette espèce, & la maniére dont il s'en explique.

La vérité est que les grands hommes parmi les Romains qui, ou n'avoient aucune idée de la Religion, ou en avoient une toute opposée à celle qui prévaloit, n'avoient d'égard pour la Religion qu'entant qu'elle est incorporée avec l'Etat, & utile à ses fins. Ils souffroient pourtant que leurs Poëtes, sur-tout ceux qui travailloient pour le Théatre, tournassent les Dieux en ridicule, & fissent contre eux des Satyres piquantes. Ils sembloient en cela être du sentiment de *Tibere, Deorum injuriæ, Diis curæ* (que c'étoit aux Dieux à venger les injures qu'on faisoit aux Dieux). On infligeoit des peines à ceux qui faisoient des Libelles diffamatoires contre les Particuliers, les gens de condition, & sur-tout contre les Magistrats : mais on pouvoit avec impunité tourner les Dieux en ridicule, faire des chansons sur leurs avantures & mettre *Jupiter* même sur le Théatre.

La Religion des Romains ne consistant qu'en cérémonies, n'étoit pas incompatible avec l'esprit de débauche & de libertinage : *cultor Deorum Parcus & infrequens*, c'est la plainte qu'*Horace* fait de la disposition de son esprit : mais cela ne conclut pas qu'il songeât beaucoup au Ciel, & à renoncer aux voluptés grossiéres. On pouvoit au contraire avoir une exacte probité, un grand amour pour la justice, être même un modéle de vertu & d'amour pour sa patrie, sans avoir aucune teinture de cette Religion. C'étoit là le caractère de *Caton* le Censeur, d'*Epicure* & de *Tacite*. Ce dernier flottoit entre la croyance d'une fatalité inévitable, & celle de la rencontre fortuite des événemens. Il ne croyoit point de Providence, ou bien il en croyoit une dont on auroit pû se passer : *non esse curæ Diis securitatem nostram, esse ultionem.* Cette plainte hardie & injurieuse contre les

Dieux partoit du fond du cœur de l'Historien; le détail d'une suite effroyable de calamités qui avoient désolé Rome l'avoit aigri, d'autant plus qu'il étoit extrêmement attaché à sa patrie.

Il n'étoit guères possible, selon les idées qu'on s'étoit faites de ces Divinités grotesques, qui se fâchoient de si peu de chose & s'appaisoient si facilement, qu'on en pût dire beaucoup de bien, ou qu'on pût en attendre de leur part. Sous le règne de *Neron* notre Historion fait le dénombrement de plusieurs présages qu'on regardoit comme des signes que les Dieux envoyoient, & dont on attendoit des révolutions favorables: cependant ces belles espérances s'évanouïrent & furent démenties par l'événement, *prodigia crebra & inrita intercessere &c.* Il en conclut que tous ces signes de prognostics étoient apparemment arrivés sans la direction & l'entremise des Dieux, parce que durant plusieurs années qui suivirent, *Neron* se plongea dans tous les excès de scélératesse & de tyrannie.

Quelles que fussent les spéculations de *Tacite* sur la Religion, on peut dire que sa Morale est pure & intègre; pleine d'affection pour la Société humaine, animée par toutes les passions louables, & éclairée par tous les principes d'honneur & de vertu. C'est une censure inexorable de l'injustice, du vice, & de la lâcheté de toute espèce & de toute condition. C'est une leçon continuelle de prudence & de vertu. Ce sont là les avantages qui dans la vie civile rendent les Livres & les hommes recommandables : ce sont là les talens qui ont fait estimer *Tacite*, talens qu'il a portés aussi loin qu'il soit possible à l'esprit humain de les porter. M. *Bayle* dit de lui, *ses Annales & son Histoire sont quelque chose d'admirable, & l'un des plus grands efforts de l'esprit humain ; soit que l'on y considère la singularité du style, soit que l'on s'attache à la beauté des pensées, & à cet heureux pinceau avec lequel il a su peindre les déguisemens, & les fourberies des Politiques & le foible des passions.*

On ne voit point que *Tacite* fût moins honnête homme qu'habile Historien. Et sa capacité étant si surprenante, que lui manquoit il pour exécuter dignement son dessein ; & que pouvons nous lui demander de plus ? D'où tirerons-nous les meilleures instructions : d'un homme de beaucoup de foi, mais dépourvu de bon sens & de vertu ; ou d'un autre qui manquant du premier avantage, a un grand nombre de connoissances, & suit exactement les règles de la probité ? C'est ce que nous cherchons dans *Tacite*, & non pas des spéculations de Théologie. En quoi ses fausses idées sur la Religion nuisent-elles à ses talens en qualité d'Historien & de Politique ? pourquoi ses erreurs en certaines choses porteroient-elles du préjudice à son discernement & à sa candeur, à l'égard de certaines autres qui n'y ont aucun rapport ?

Selon les Relations de la Chine les plus estimées, les Mandarins, qui sont la Noblesse du pays, les gens de Lettres, & ceux qui occupent les Magistratures, n'ont aucune Religion. Le bien public est le principe invariable de leur Gouvernement ; & la prospérité de l'Etat leur étude principale : ils se distinguent d'ailleurs par leur politesse, & par leur vertu. Les Bonzes ou Prêtres au contraire qui se piquent d'une dévotion extraordinaire, sont vicieux, d'une avarice sordide, lâches & dépourvus de toute bonne qualité avantageuse au Public ou à eux-mêmes. C'est un exemple tiré d'une Monarchie la plus florissante qu'il y ait, & qu'il y ait eu dans le monde. C'est un Empire qui contient plus d'habitans que la moitié du reste de la Terre : un Peuple laborieux, & plein d'industrie, y cultive les Arts & le Commerce. Voilà pourtant un Etat gouverné par des hommes qui ne sont d'aucune Religion, d'aucune Secte, guidés uniquement par les lumiéres de la Raison & d'une bonne Morale : de sorte que cet Empire n'a d'autre tache & d'autre reproche à essuyer que la vie infame de ses Prêtres & de ses Religieux.

Voici un second exemple pour faire le contraste du premier. Je le tire des Etats du Pape, le centre de la Religion Romaine ; où les gens d'Eglise gouvernent tout, se sont emparés de tout, où les potences & les buchers tiennent en respect & éloignent l'Infidélité, l'Hérésie, & tout homme qui voudroit s'écarter du droit chemin de la foi : où les champions de ce qu'ils appellent Religion & dévotion protegent l'Eglise qui les nourrit grassement. Où devroit-on voir plus de marques d'opulence, de douceur dans le Gouvernement, d'abondance & de félicité générale, s'il étoit vrai que le Gouvernement des Prêtres & des dévots pût procurer le bien public ? Mais il présente un spectacle très-différent, & bien triste. On voit des Pays naturellement fertiles abandonnnés, les peuples ignorans, paresseux, mourans de faim & portant toutes les marques du poids de l'oppression & de la misére.

N'est-ce pas là matiére à réflexion quand on voit qu'une Eglise corrompue par les richesses & un pouvoir excessif, est mille fois pire que s'il n'y en avoit point du tout ? Que les seules lumiéres de la Nature & de la Raison sont sans comparaison plus profitables à la prospérité temporelle de la Société humaine, qu'une Religion ou Eglise qui ne cherche que le lucre & ses propres avantages ? Si la Religion Romaine ou toute autre, qui a des Loix pénales contre ceux qui s'éloignent de ses sentimens, qui éléve les gens d'Eglise aux premiers emplois, leur laisse manier le glaive, ou le porte pour leur défense ; si, dis-je, une telle Religion étoit une fois établie à la Chine, cet Empire florissant devenu bien-tôt désert, ressentiroit

ressentiroit inévitablement les terribles conséquences d'une si funeste révolution. Je puis me servir, pour appuyer mon sentiment, de celui du Docteur *Tillotson*, Prélat autant recommandable par l'excellence de ses Ecrits, que par sa candeur & sa probité. » Il vaudroit mieux, dit-il, » qu'il n'y eût point de Religion révélée, & que le Genre humain fût abandonné à ses propres lumiéres & à ses » inclinations naturellement portées à la » douceur, à la pitié, à la paix, & au » bonheur de la Société, que d'être gouverné par une Religion qui inspire aux » hommes une fureur si barbare, & leur » fait commettre de pareilles cruautés. » Vol. I. des Sermons pag. 206.

Rapportons un autre exemple qui sera la comparaison de deux hommes particuliers, l'un est un Payen guidé par la Raison, & l'autre un Chrétien aveuglé par la passion & par le faux zèle. Je parle de *Tacite* & de S. *Jérome*. Voyons la politesse, la candeur, l'attachement à la Vérité & le bon sens de l'un : remarquons la témerité, le fanatisme, la fureur, & le cœur faux de l'autre. L'emportement, & le peu de bonne foi de ce grand Saint le dominent bien davantage, que l'esprit de la Religion Chrétienne qui n'est que douceur, humilité, & franchise : il se sert souvent de la Religion comme d'un instrument pour faire éclater sa violence, ses faussetés, & son implacable vengeance. Je ne parle point de ses étranges maximes; les unes impertinentes, les autres folles, la plupart impraticables, & d'autres turbulentes & seditieuses. On voit dans *Tacite* le bon sens, & le savoir-vivre d'un honnête homme; dans le Saint la violence & les réveries d'un Moine. La Religion de ce dernier doit-elle rendre louables ses caprices & l'aigreur de son esprit; ou le défaut de Religion en *Tacite* faire du tort aux Vérités brillantes de ses Ecrits ?

Lorsqu'un Auteur rapporte des faits, ou qu'il raisonne sur ses propres principes; on doit avoir égard à son bon sens, & à son attachement à la vérité; & l'on n'a pas plus d'intérêt à considérer ses spéculations, ou ses erreurs sur d'autres sujets. *Pline*, & *Aristote* sont reconnus pour Athées : qu'est-ce que cela fait à la beauté de leurs talens, & à leur savoir ? Les petits esprits & les faux dévots traitent de blasphème & d'Athéisme, toute pensée noble & libre qui s'écarte des sentimens du vulgaire. Ils jugent de tout selon leurs petites lumiéres, & la mauvaise humeur qui les domine. *Nerva, Trajan* & *Marc Aurele*, étoient des Princes Payens ; ils avoient de la vertu, & aimoient à faire du bien, ils gouvernoient l'Empire selon les règles de la justice, & de l'équité : que devoient souhaiter de plus leurs Sujets ? Au contraire *Justinien*, *Constance*, *Jean Basilowitz*, *Jean Galeas*, & *Louis XI*, étoient des Princes Chrétiens, qui se piquoient d'une grande dévotion ; quelques-uns d'entre eux défenseurs zélés de l'Orthodoxie, & grands fondateurs d'Eglises ; mais tous tant qu'ils étoient, Tyrans insignes, & d'un naturel barbare. En quoi leurs peuples ou eux-mêmes tiroient-ils avantage d'une Religion qui n'étoit accompagnée ni de douceur ni de probité ; dont ils faisoient même un des principaux instrumens de leur Tyrannie ? La Religion dans un Tyran ou dans un fourbe n'est guères autre chose qu'un marché plein d'impiété, un accord frauduleux fait avec Dieu pour se jouer du Genre humain.

Telle est la nature des choses d'ici-bas ; tel est le caractère, & le foible des hommes, que leur bonheur ou leur malheur dépendent extrêmement du Gouvernement civil, soit que la Religion fasse du bien ou du mal dans le monde. Un Pays qui gémit sous l'oppression en est-il mieux d'être rempli d'Eglises & peuplé de Prêtres, comme étoient la *Grece* & l'*Italie* sous le règne de *Justinien ?* Un Etat où se trouvent en abondance la Vertu, la Félicité, & les bonnes Loix, manque-t-il de rien de ce qui est nécessaire au but de la Société ; tels qu'étoient Lacédemone & Rome dans le tems de leur prospérité ? Louons tous ceux qui font profession de la vraie Religion exempte d'aigreur & de bigotterie : mais ne blâmons pas ceux qui manquant du bonheur de la Révélation, ne laissent pas, quoique sans aucune forme de Religion, d'être sages & vertueux. Certainement il vaut mieux ne connoître aucune Religion que d'en professer une qui inspire l'hypocrisie, l'orgueil & l'inhumanité.

Je finirai cet Article en rapportant ce que j'ai dit ailleurs sur le même sujet : » Le blanc n'est pas noir, & deux & » deux font quatre : ces propositions sont » aussi vraies dans la bouche d'un Athée » que dans celle d'un Apôtre. Un Sol » donné par un Athée à un pauvre, vaut » mieux que deux liards donnés par un » fidèle ; le bon sens d'un Athée est pré- » férable aux erreurs d'un bon Chré- » tien. Enfin ce que ceux qu'on regarde » comme Athées font de bien, ou disent » conformément à la Vérité, est plus di- » gne d'imitation, ou de créance, que ce » que les fidèles les plus avérés font mé- » chamment ou disent faussement. Lors- » qu'il s'agit même de rendre témoi- » gnage, ou de faire le rapport d'un » fait, ausquels cas le crédit & la répu- » tation des témoins donnent du poids à » ce qu'ils avancent : on doit avoir plus » d'égard à la parole d'un infidèle qui » n'a aucun intérêt dans ce qu'il atteste, » qu'à celle d'un vrai croyant qui y est » intéressé. Les bonnes ou les mauvaises » actions d'un Athée ne changent point » de nature, à l'égard du monde au » moins, en ce qu'elles partent d'un

» Athée; quoiqu'il faille avouer que le
» péché d'un Saint est plus criminel que
» celui d'un Payen. C'est la plus grande
» erreur du monde de s'imaginer que
» les crimes soient moins crimes lors-
» qu'ils partent d'un certain homme, ou
» que la Vérité soit plus ou moins véri-
» té, selon la réputation de la bouche
» par où elle passe.

SECTION XI.

Critique impertinente de Boccalini *& de quelques autres sur* Tacite.

LA remarque faite par *Boccalini*, & par quelques autres Commentateurs, que *Tacite* donne de propos déliberé des leçons de Tyrannie, est si absurde & si dépourvue de bon sens, qu'elle ne mérite pas d'être relevée. On pourroit dire avec le même fondement que *Luther* & *Fra-Paolo* découvrent les usurpations, & les impostures de l'Eglise Romaine, dans le dessein de lui enseigner, ou à d'autres Eglises, les moyens d'opprimer, & de tromper les peuples; que *Tite-Live* le plus grand Républicain qui ait jamais été, fait connoître les usurpations & la Tyrannie de *Tarquin*, pour montrer aux Usurpateurs les moyens de se soutenir, & d'anéantir la Liberté publique. *Tacite* peint les Tyrans odieux au monde & à eux-mêmes. Quelle réponse mériteroit celui qui auroit l'audace d'avancer que *Grotius* n'écrivit son Livre sur la vérité de la Religion Chrétienne, que dans le dessein de travailler à la propagation du Paganisme ?

SECTION XII.

Des divers Commentateurs & Traducteurs de Tacite.

ON ne finiroit presque point si l'on vouloit parler de tous ceux qui ont écrit sur *Tacite*, & de la maniére dont ils y ont réussi. Plusieurs l'ont fait en Grammairiens, les autres en politiques : quelques-uns des premiers ont écrit avec beaucoup de capacité & de succès, tels sont *Juste Lipse*, *Freinshemius*, *Gronovius le pere*, & *Rickius.* J'ai fait ma Traduction de *Tacite* sur l'édition que ce dernier nous en a donnée : le texte en est correct ; les notes bonnes & judicieuses. De tous les Commentateurs Politiques de *Tacite*, je n'en trouve que bien peu d'estimables : je parle de ceux que j'ai vus, dont la plûpart sont au dessous du médiocre. Ce ne sont que des Compilations ennuyeuses de Lieux communs ; des Paraphrases languissantes où le sens de l'Original est noyé dans des excès explications superflues ; les réfléxions pleines de feu de *Tacite*, y sont converties en maximes usées, souvent malheureusement transformées, la plupart frivoles & affectées ; ce ne sont encore souvent que des idées communes à la portée du moindre Paysan, ou d'un enfant : des déclamations bouffies & ennuyeuses, fort travaillées, & où l'on n'apprend rien. Voilà ce que l'on peut dire en gros des Commentaires de *Boccalini*, *d'Annibal Scoti*, de *Forstnerus*, de *Schildus*, & de plusiers autres.

M. *Amelot de la Houssaye* a fait un grand Recueil d'Observations Politiques sur *Tacite*, jusqu'au treiziéme Livre des *Annales* inclusivement. Quelques-unes de ses remarques viennent à propos & sont utiles ; mais il y en a un grand nombre sans sel, & de peu de valeur. La premiére qu'il fait d'entrée est plate & misérable ; *Dès que la Royauté commence à degénérer en Tyrannie, le peuple aspire à la Liberté.* Celle-ci ne vaut guéres mieux ; *Quand un Prince commence à devenir infirme ou casse, tout le monde tourne les yeux vers le Soleil levant, c'est-à-dire vers son Successeur :* & celle-ci ; *Les refus du Prince doivent être assaisonnés de douceur & de cour-*

toisie : en voici une autre ; *Ceux même qui ont renoncé à leur honneur, & qui font gloire de leur scélératesse, s'offensent d'être appellés traîtres :* encore un autre ; *Un bon Général ne doit jamais hazarder une bataille qu'il n'ait mis bon ordre par-tout :* celle-ci encore ; *Il n'y a rien dont un Favori, ou un premier Ministre doive se mettre plus en peine, que de bien connoître l'humeur de son Prince.* Je finirai par celle-ci ; *Un Prince dépouillé de ses Etats ne reste pas volontiers entre les mains de celui qui s'en est emparé.* Tout cela est trivial & sans suc.

La Traduction en Espagnol par Don *Alamos de Barrientos* est suivie d'un grand nombre de remarques auxquelles il donne le nom de *Aforismos :* elles sont autant communes & foibles, que la Traduction même est exacte, & énergique. Son Observation sur cet endroit, *cuncta discordiis civilibus fessa, nomine principis sub imperium accepit*, est celle-ci ; *quando alguno se viniere a hazer señor de una grande y poderosá ciudad libre, lo mas ordinario sera despues de una larga guerra civil.* „ L'occasion la plus favorable pour se „ rendre le maître d'une grande Ville „ puissante & libre, est ordinairement à „ la fin d'une longue guerre civile. „

Tacite rapporte qu'*Auguste* institua les principaux du *Sénat* ses héritiers au troisiéme degré, quoi qu'il eût de la haine pour la plupart d'entre eux : *plerosque invisos sibi, sed jactantia gloriaque ad posteros. Don Alamos* fait là-dessus cette remarque : *El principe muchas vezes haze honra a las personas que aborrece, para gañar fama de modestia y suffrimiento :* » souvent le Prince confére des honneurs » à ceux qu'il hait, uniquement pour se » faire une réputation de modération, & » de bon naturel. » *Tacite* dit de *Germanicus : Anxius occultis in se patrui aviæque odiis quorum causæ acriores quia iniquæ. Don Alamos* dit sur cela en forme de remarque : *El hombre inocente y bueno de ninguna cosa recibe tanta congoxa, como de los secretos aborrecimientos, que sabe le tienen sus parientos, sin merecerlo :* » un homme de mérite innocent n'a pas de plus » grande mortification que celle qu'il reçoit de la haine secrète qu'il sait que » ses parens ont pour lui, & qu'il n'a » pas méritée.

Ces sortes de réfléxions sont bien peu de chose, & n'ont pas donné beaucoup de peine à produire : ainsi il ne faut pas s'étonner que *Don Alamos* en ait publié des milliers. Un Italien nommé *Canini* les a pourtant toutes traduites en sa langue, avec de très grands éloges, & les a publiées avec Traduction Italienne de *Politi*, Traduction qu'on lit avec plaisir, mais où le vrai sens de *Tacite* est embarrassé; l'affectation du Traducteur d'être aussi concis que son Original, lui fait perdre beaucoup du prix & de la vivacité des pensées. *Don Alamos* au contraire dévelope le sens de *Tacite* plus pleinement qu'il ne faudroit bien souvent: il y supplée par des parenthèses la plupart inutiles, & qui ne manquent jamais d'embarrasser, ou de rompre le fil de la Lecture.

Ce sont là les seules Versions Espagnoles & Italiennes de *Tacite* que j'aie vûes, il y en a deux outre cela en Espagnol par *Sueyro, & Coloma*, qui sont estimées, & deux autres en Italien par *Dati, & Davanzati* qu'on n'estime point du tout. Il y a cinq ou six Traductions Françoises: toutes, à la réserve de deux, valent peu de chose: quelques-unes même ne valent rien. Les deux dont je veux parler sont celle de M. de *Harlay* de *Chanvallon*, qui a traduit tout *Tacite*, & celle de M. *Amelot* de la *Houssaye* qui a donné treize Livres des *Annales*. La Traduction du premier a de la force, & de la justesse, on voit qu'elle part d'un homme de bon sens & qui réfléchit. Le second n'a d'autre avantage sur lui qu'en ce que son François est plus moderne, si c'est-là un avantage. *D'Ablancourt* est encore un des Traducteurs François de *Tacite*, sa plume a de la réputation, & son Style est aisé & coulant. Mais s'il a pris autant de libertés dans la Traduction des autres Auteurs que dans celle de *Tacite*; ils auroient tous besoin qu'on les traduisît de nouveau. Le Style de *d'Ablancourt* est assez vif & harmonieux; mais il n'a ni justesse ni force : l'énergie & la finesse des réfléxions de *Tacite* lui ont entiérement échappé.

SECTION XIII.

Essai sur les Langues Modernes, principalement sur la Langue Angloise.

J'OSE dire de la Langue Françoise après de meilleurs juges que moi, qu'à cause de son peu de force, & de la mollesse effeminée qui en fait le caractére, elle ne sauroit se rendre propres les expressions énergiques des Anciens, sans les étendre & les énerver sensiblement. Elle a un grand nombre de Pronoms relatifs, de particules & de monosyllabes qui reviennent incessamment, affoiblissent le tissu du Discours & fatiguent l'oreille. La Langue Angloise a sans doute un plus grand nombre de mots rudes que la Françoise, mais elle en a en récompense beaucoup plus qu'elle de vifs & d'harmonieux. Quoique l'Anglois soit chargé de relatifs, de particules, & de mots d'une seule syllabe, je crois qu'il n'y en a pas tant que dans le François, & qu'ils ne reviennent pas si souvent : les Anglois suppriment souvent les particules, & les sous-entendent de même que les pronoms relatifs.

Les Latins ont à cet égard le même avantage sur les Grecs que leurs deux Langues ont sur toutes les autres qui soient, ou qui peut-être ayent jamais été dans le monde. Nous sommes infiniment au dessous d'eux par rapport à l'énergie & à l'harmonie : malgré tous nos mots empruntés & tous nos rafinemens, notre Langue est encore raboteuse & Gothique en comparaison de la leur. Les Espagnols & les Italiens suivent immédiatement les Latins & les Grecs pour les graces du Langage ; quoi qu'ils leur soient encore bien inférieurs : cependant ils le portent plus haut que les Anglois & les François, & marchent tandis que nous rampons. L'Espagnol est le plus sonore & le plus majestueux, l'Italien le plus doux & le plus coulant ; ces deux Langages excellent pour l'harmonie, le nombre, & la pompe des termes. Les Italiens semblent avoir gâté le leur par des hyperboles absurdes, & des phrases harmonieuses qui ne signifiant rien, ne font qu'allonger le discours : soit que cela vienne du penchant de la Nation à l'amour & à la Musique; ou bien des Légendes & des Panégyriques impertinents de leurs Saints, ou de ce qu'ils sont sous la servitude des Prêtres, & sous un Gouvernement rigoureux; ou bien de quelque autre raison; c'est ce que je n'oserois décider.

Les François se piquent d'avoir extrêmement poli leur Langue; & il est vrai qu'ils ont excellé à lui donner du dégagement & de la clarté: mais c'est une question si la lime des Puristes ne lui a point fait perdre considérablement de sa force pour en rendre le tour plus agréable & plus régulier. Nous avons aussi un peu poli la nôtre, peut-être à l'imitation des François, mais je me flatte que nous en avons mieux conservé la force. Bien des gens se sont attachés avec trop d'affectation à donner un air de facilité au Style: mais ne leur en déplaise, ce genre d'écrire où les réfléxions ne sont point serrées, le sens énergique & la phrase noble, est de tous les Styles le plus méprisable Les productions du Chevalier *l'Estrange* sont de ce genre, elles ne sauroient plaire à un Lecteur qui a du goût, &

un peu d'éducation : ſon Style eſt rempli de termes méchaniques, d'expreſſions ramaſſées dans les balayeures des rues, ou empruntées des Apprentifs & des Crocheteurs ; rien n'eſt plus bas & plus dégoutant. Ses phraſes, outre leur groſſiéreté, ſont des riens brillans qu'on ne ſauroit répéter ſans dégoût, & qui ne ſont point à l'épreuve de la Traduction, l'unique pierre de touche pour juger de la bonté du Style. (a). . . .

. . . .

Cependant cet homme eſt regardé comme un Maître & un Réformateur de la Langue Angloiſe, homme qui ne ſavoit écrire en aucune Langue, & qui ſemble n'en avoir entendu aucune ; témoin ſes pitoyables Traductions des Offices de Cicéron, & de Joſephe. Cette derniére eſt pleine de fautes, miſérable & baſſe, d'après celle de M. d'*Andilly* qui eſt ſi aiſée & ſi polie.

Ce Chevalier eſt un de ceux qui ont entrepris de traduire *Tacite* en Anglois ; on lui attribue la Traduction du troiſiéme Livre des Hiſtoires : il n'a

(a) L'Auteur rapporte ici des exemples qui ne ſauroient paſſer en François.

pas entendu un mot de ce qu'il a emprunté du Chevalier *Savill* qu'il a changé & perverti d'une maniére déplorable. . . . .

. . . .

Le Jargon du Chevalier l'Estrange est à peine passable pour les Marionnettes. Il avoit du talent pour la bouffonnerie & pour plaire à la populace, & ne s'est jamais élevé plus haut; son Style & ses pensées, sont même trop bas & populaires pour un Artisan sensé. Mettre les Livres de cet Ecrivain entre les mains de la jeunesse, & des enfans, surtout son Esope qu'il a traduit si burlesquement, c'est leur gâter le goût & les sentimens. Sans compter les principes abjets & serviles de l'Auteur, il a non-seulement changé la simplicité naturelle des animaux d'Esope pour en faire des railleurs & des bouffons, mais de la bouche de ces créatures accoutumées à la pleine liberté de l'air & des forêts, il a osé tirer des préceptes de servitude, & des justifications de la Tyrannie.

Le goût & le Style de la Cour ont toujours été le modéle du Public. Au tems du rétablissement de la famille Royale, tems où l'on ne respiroit que la joie & l'enjouement, la gravité formaliste & reservée des tems précédens devint un sujet ordinaire de raillerie : on avoit introduit des maniéres toutes différentes ; c'étoit à qui rencontreroit le mieux à railler & à folâtrer ; le Roi lui-même prenoit plaisir à railler & à bouffonner. Ce tour d'esprit remplit le langage de phrases burlesques, on se divertissoit de la polissonnerie & du langage narquois. De faux brillans passerent pour des traits d'esprit, & si des Ecrits de cette espéce dauboient sans miséricorde les Sectaires, comme c'étoit alors la mode, ils ne manquoient point de plaire à la Cour. C'est par cette route que le Chevalier *l'Estrange* acquit de la réputation. Il est vrai qu'il y eut dans le même tems des gens d'un esprit juste & qui écrivoient poliment ; mais on ne sauroit nier que le mauvais goût ne prévalût, & que les meilleurs esprits n'y tombassent même quelquefois.

Ce tour d'esprit ne passa point avec le régne de *Charles II.* Il continua encore après la révolution : cela paroît par les Ecrits du même *l'Estrange*, de *Thomas Brown*, & d'autres qui les imiterent dans leur attachement à la mauvaise plaisanterie : ces prétendus Beaux Esprits contribuerent beaucoup à gâter notre Langue. Si nous remontons jusqu'au régne d'*Elisabeth* nous verrons qu'on commençoit dès lors à se servir d'un bon Style convenable au sens exquis de cette grande Princesse & de sa Cour. Nous avons un modéle du langage de ce siécle-là dans les Ecrits du Chevalier *Walter Raleigh* qui avoit trop d'esprit & de goût pour donner dans la basse pédanterie du regne suivant. Plusieurs Ouvrages de ce tems-là, entre autres ceux de *Jacques I*, ne valent pas mieux que les idées d'honneur & de Politique qui régnoient alors. La contagion du mauvais goût étoit si forte qu'un aussi grand homme que le Chancelier *Bacon* ne pût même s'en garantir.

Charles I qui vint ensuite affectoit une gravité majestueuse & sévère, ainsi le Style choisi & magnifique, devint commun, la Langue même commençoit à se rétablir quand le Fanatisme & son Jargon qui suivirent, donnerent de nouveau à la Langue un tour fade & dégoutant. Mais entre le régne de *Jacques I* & le rappel de la Famille Royale, il y eut plusieurs Ecrivains qui s'exprimoient heureusement, entre autres M. *Chillinworth* dont le langage est coulant & libre, comme l'étoit son esprit plein de candeur. On doit rendre le même témoignage à Mylord *Falkland* Seigneur d'un mérite singulier, & à M. *Hales* d'Eaton. L'Anglois de M. *Hobbes* est d'une beauté extraordinaire & presque unique; rien n'est plus beau que le tour qu'il donne à ses pensées : son Style est excellent, agréable & clair, autant que la plupart de ses principes sont faux & dangereux. Je ne comprends pas dans ce que je dis de ses Ouvrages, sa Version de Thucydide, qui toute belle qu'elle est, ne ressemble point à ses autres Ecrits. Cela me fait pencher à croire ce que j'ai oui dire qu'elle fut faite par un de ses disciples, & qu'il la revit; cependant elle surpasse de beaucoup la plupart de nos Traductions. La Prose de *Milton* rude & mal polie est forte & énergique. Le Style de *Selden* comme celui de *Hammond*, est inégal & embrouillé.

SECTION XIV.

Essai sur l'état présent de la Langue Angloise avec un précis de cet Ouvrage.

A L'ÉGARD du genre d'écrire de notre tems, s'il m'est permis d'en dire mon sentiment, je trouve qu'en général il approche trop du langage de la conversation, & que de cette maniére il ne sauroit se soutenir long-tems. Les mots sur le papier ne font point le même effet que lorsqu'ils sont accompagnés de la voix, des regards & des gestes. Il faudroit créer des pensées & un langage tout exprès qui pussent suppléer à ces avantages, ce qui étant certainement impossible, on est obligé de donner de l'élevation au Style: mais comme les périodes trop travaillées fatiguent le Lecteur & que les rampantes le dégoutent; le point de perfection consiste à tenir le milieu entre la pompe & la négligence. Que le Style soit facile autant qu'on voudra pourvu qu'il ait de la force; deux avantages qu'il n'est pas impossible de joindre ensemble, & qu'on trouve souvent dans le même Auteur. *Tite-Live* se distingue par ces deux talens, c'est son éloquence & les ornemens de son Style qui lui ont conservé une si grande réputation, autant que son sujet, & le grand sens qui l'accompagne toûjours. Le feu Comte de *Shafstbury* s'est donné peut-être trop de peine, & a trop affecté de donner un tour aisé & coulant à ses périodes; cependant ses Ouvrages sont recherchés. Il est incontestable que la douceur engageante du Style leur a procuré un grand nombre de Lecteurs, & a contribué puissamment à les rendre recommandables. Le Docteur *Burnet* de la Chartreuse, écrivoit avec beaucoup d'éloquence & de majesté, & pourtant d'une maniére naturelle & sans affectation. Le Style du Docteur *Tillotson* est simple & agréable, animé par de belles images, & par une grande force de sens. Il est arrivé pourtant que plusieurs Ecrivains, qui ont tâché de l'imiter, ont écrit misérablement. C'est le sort de quelques-uns de nos Théologiens qui s'étant attachés à sa maniére, & n'ayant pas son génie, ont produit une grande abondance de paroles qui flattent assez l'oreille, sans avoir ni vie ni suc. J'ai parcouru des Pages entiéres des Sermons de l'Evêque *Blackal* sans y rien trouver qui blessât l'oreille; mais rien aussi qui flattât l'imagination, ou qui pût servir à éclairer l'esprit. Je ne puis m'empêcher de parler ici d'un autre Ecrivain qui s'est acquis une grande réputation pour le Style sans l'avoir méritée, c'est le Docteur *Sprat*, Evêque de Rochester: son expression est languissante & fade, pleine d'un faux éclat, & presque toujours affectée; on voit qu'il vise à l'harmonie & aux traits d'esprit, & qu'il les manque presque toujours: son Discours est empesé & pédantesque. Le Style du Docteur *Atterbury* son successeur a été admiré avec beaucoup plus de raison.

Notre Langue est naturellement froide, & à mesure que nos termes ont moins de force il faut en employer davantage: cette quantité de mots est ennuyeuse, & rend le reméde pire que le mal. Les Phrases Latines au contraire sont courtes & vives; peu de mots présentent un grand nombre d'images. J'ai éprouvé sensiblement ces difficultés & beaucoup d'autres dans ma Traduction.

duction. Je manquois de termes. J'en ai pourtant fait très-rarement, considérant que l'on regarde comme une chose ridicule & affectée de forger de nouveaux mots. J'ai hazardé quelquefois une phrase nouvelle, & un tour à ma maniére, en approchant l'expression Angloise de la Latine autant que le génie des deux Langues & celui de mon Auteur pouvoient le permettre. J'ai quitté quelquefois le chemin battu, j'ai supprimé des particules, transposé des termes, & commencé un sens là où il est ordinaire de le fixer. J'ai tâché d'imiter la vivacité, l'éloquence & le tour de *Tacite* autant que me l'a pu permettre ma Langue, foible dans les termes & peu serrée dans la composition. J'avoue que cette maniére d'écrire seroit étrange, & peut-être ridicule, dans un sujet simple & familier, mais quand la matiére est grande & noble, le Style doit l'être de même.

Dans les Discours Politiques suivans je me suis prescrit une méthode particuliére, en faisant des réfléxions étendues sur une matiére qui m'a paru très-importante pour le bonheur de cette

Nation libre, de donner une idée de la Politique des *Césars*, & de ce que *Tacite* appelle *vis, artes & instrumenta regni.* J'ai maintenu les principes de la Liberté civile; j'ai examiné les Apologies qu'on a faites de *César* & d'*Auguste*, j'ai dévelopé l'esprit de ces deux Usurpateurs, l'humeur & l'avilissement du peuple, avec la conduite tyrannique des Empereurs suivans, jusqu'à la fin des *Annales* de mon Auteur. J'en dirai davantage en publiant ma Traduction de l'*Histoire*. Je me suis rarement mis en peine des contestations, & des conjectures des Commentateurs, & des diverses leçons. Je me suis servi des meilleures Editions, & quand le sens a été douteux j'ai choisi le plus probable. Il faut avouer après tout qu'il y a bien des endroits obscurs dans *Tacite*, & que c'est un vaste champ pour les conjectures; mais ces difficultés ne lui sont pas particulieres.

Je fus engagé à entreprendre cette Traduction il y a quelques années par un de mes amis, de cette Ville, (de Londres) homme de savoir. Je n'avois point encore vu de Traduction de *Taeite* en

Anglois ; j'ignorois même s'il y en avoit une bonne. M. *Trenchard* approuva mon dessein avec le zèle qui lui étoit naturel pour tout ce qui peut favoriser la Liberté de la Nation. Mylord *Carteret* qui entend parfaitement *Tacite*, & qui en est grand admirateur, eut la bonté de me juger capable de cette entreprise, & me donna plusieurs ouvertures pour en venir à bout ; sur-tout il me fit entendre que je devois me donner carriere & prendre des libertés raisonnables : sans quoi je suis persuadé comme lui, qu'une Traduction, qui pour être bonne doit paroître un Original, ne peut-être que froide, & pédantesque. Le Duc d'*Argyle* gouta aussi mon dessein, avec la générosité naturelle qui reléve ses belles connoissances, son goût pour les Belles-Lettres, & son amour sincére pour la Liberté. Mylord *Townshend* fit la même chose, & M. le Chevalier *Walpole* m'encouragea de la maniére la plus propre du monde à accréditer mon Ouvrage : j'ai encore beaucoup d'obligation à plusieurs personnes de mérite de ma connoissance, qui ont favorisé mon entreprise. J'avoue que j'ai beaucoup tardé à donner ma Traduction, mais on doit moins attribuer cela à ma négligence qu'à ma timidité : je l'avois finie long-tems avant qu'on la mît sous la presse. Après tous les soins dont je suis capable & toutes mes corrections, je craignois toûjours qu'on n'y trouvât bien des fautes & qu'on ne me fît bien des difficultés. Je ne me flatte point de pouvoir m'en mettre à couvert : je voudrois seulement ne pas mériter une trop forte censure. Je me repose moins sur ma capacité que sur l'indulgence de mes Lecteurs. Ceux d'entre eux qui peuvent lire *Tacite* dans l'Original en auront d'autant plus qu'ils savent combien il est difficile de lui faire parler une autre Langue que la sienne. Je me suis attaché sur tout à ne pas m'écarter des sentimens de mon Auteur, sur la nature de l'homme, & sur celle du Gouvernement ; & j'ose dire que celui qui ne s'est point accoutumé à réfléchir sur ces deux sujets, ne sauroit tirer de *Tacite* un sens raisonnable quelque grand que soit son savoir en toute autre matiére. Par la même raison un Savant tout pur ne sauroit gouter une Traduction libre quelque juste & fidéle qu'elle soit, à cause de son trop d'attachement aux mots & à une Critique Grammaticale. Qui avoit plus de Littérature que le Chevalier *Savill ?* Il est certain qu'il en avoit infiniment, mais comme apparemment c'étoit son plus grand talent, la Traduction qu'il donna de *Tacite* étoit bien peu de chose. On ne doit point s'en prendre à son siécle, le beau monde alors parloit & écrivoit : si le Chevalier *Walter Raleigh* avoit traduit *Tacite* en ce tems-là, je m'imagine que personne n'auroit trouvé à redire à sa Traduction.

SECOND DISCOURS,

SUR JULES CESAR.

SECTION I.

De l'Usurpation de César, *& d'où vient que son nom est moins odieux que celui de* Catilina.

ON n'a rien trouvé jusqu'à présent qui soit capable de réprimer les passions déreglées des hommes ; aucune barriére suffisante pour les contenir : ni la douceur, ni la sévérité, ni les amendes, ni les peines, ni l'honneur, ni l'infamie, non pas même les terreurs de la mort. Une preuve que la malignité & l'ambition des hommes sont supérieures à toute leur prudence, c'est que les Loix & les institutions établies par les hommes les plus sages & les plus prudens, sont devenues tôt ou tard le jouet & la proie des plus scélérats, & quelquefois même des plus étourdis. Si les sages réglemens étoient capables d'assurer la Constitution d'un Etat, celui de *Rome* auroit été immortel. Outre qu'on y avoit adopté les plus sages établissemens des Républiques de la Grèce, *Accitis quæ usquam egregia*; les soins, & les efforts des Romains pendant quelques siécles avoient été de subjuger les ennemis par la force des armes, & d'assurer la liberté domestique par de bonnes Loix: de sorte que *Rome* s'étoit rendue l'admiration de toute la Terre par ses armes & par ses Loix. Cette merveilleuse République, que sa Politique, & ses forces rendoient invincible, que tous les Etats de la Grèce, de Carthage & du Monde entier n'avoient pu ébranler, succomba à la corruption, à la perfidie, & à la violence de ses propres Citoyens. Les seules armes capables de la blesser étoient les siennes, cette même épée qu'elle avoit confiée à *César*, & qu'il tourna, avec tant d'ingratitude & de cruauté, contre sa propre patrie pour la réduire en servitude.

Tout le monde déteste la conspiration de *Catilina*: cependant ce que *Catilina* avoit ſeulement tenté, *Céſar* l'exécuta : avoit-il de plus grandes qualités que *Catilina?* Il étoit beaucoup plus méchant, & capable de commettre de plus grands déſordres. Qu'on voie combien le préjugé & l'entêtement prennent le deſſus : les mêmes perſonnes qui abhorrent *Catilina* admirent *Céſar* qui fit réellement plus de mal que le mauvais cœur de *Catilina* n'en avoit jamais projetté. *Catilina*, n'ayant point eu de ſuccès, n'a point eu auſſi de flatteurs ; s'il avoit réuſſi, s'il avoit pu tranſmettre Rome à ſes deſcendants comme un héritage, ou à d'autres perſonnes qui auroient eu intérêt de conſerver ſa réputation, il n'auroit point manqué de Poëtes & d'Hiſtoriens flatteurs qui auroient fait retentir le monde de ſes louanges : on auroit élevé juſqu'aux nues ſon génie, ſon éloquence, ſon courage, ſa libéralité, ſa politique ; & à proportion de la corruption de Rome qui avoit beſoin d'un pareil Réformateur, on auroit appuyé ſur tous les Lieux communs qu'on a mis en œuvre pour faire l'Eloge de *Céſar*. *Catilina* ſuccomba, & on l'a regardé comme un Traître : l'injuſtice de *Céſar* fut triomphante, & ſon nom a triomphé

triomphé de même. Les siécles suivans ont continué à le regarder avec respect par la force de l'habitude, & d'une superstition qui gobe tout & n'examine rien. Lorsque l'opinion du peuple a consacré un homme ou un nom, toutes les actions de cet homme-là, criminelles & imprudentes, tout ce qui se fait sous ce nom ne manque pas d'être consacré de même. La force de l'Autorité entraîne & prévient d'une manière invincible : La raison & la vérité sont obligées de baisser le pavillon devant le préjugé, & les grands noms.

SECTION II.

De la Corruption publique favorisée par Cesar, *& de sa conduite hardie & criminelle.*

SI la République étoit désunie & corrompue, comme elle l'étoit en effet & dangereusement, qui avoit plus contribué que *Cesar* à la mettre en cet état ? A peine parut-il dans le monde

BIBLIOTHÈQUE IMPÉRIALE

qu'il s'associa avec tous les Boutefeux, & tous les Perturbateurs du repos de la République, avec tous les Traitres à la Patrie. Il fut depouillé de sa dignité de Préteur par un Décret public du Sénat, & lorsqu'il brigua le Consulat on craignit si fort son ambition, & ses mauvais desseins s'il étoit revêtu de cet emploi éminent, *Nil non ausurum eum in summo Magistratu*, que le Sénat contribua une grande somme d'argent pour lui faire nommer un Collégue qui le tînt en bride ; *Caton* lui-même reconnut que cette contribution, quoique faite contre la Loi, étoit nécessaire pour le salut de la République ; *ne Catone quidem abnuente eam largitionem è Rep. fieri.*

Il commença les fonctions de cette Magistrature par des coups d'Autorité pleins de violence ; il dépossèda par force son Collégue de sa part de l'administration ; & pendant tout le tems du Consulat il régla tout à sa fantaisie, & d'une manière arbitraire. Il donna & ôta à qui il voulut, il éleva & abaissa ceux qu'il voulut, il épouvanta les uns, emprisonna les autres : il supposa des conjurations, suborna des accusateurs, & des faux témoins, qu'il fit ensuite assassiner, & foula aux pieds les Loix & la bonne foi.

Pour échapper au châtiment dû à tous ces attentats, il gagna le Peuple par des largesses afin de faire nommer ses créatures aux emplois publics, ou corrompit les Magistrats mêmes après leur nomination. Il alla jusqu'à engager par serment & par Ecrit quelques-uns d'entre eux, de ne l'appeller jamais en justice pour lui faire rendre compte de son administration, & de ne pas permettre non plus qu'il y fut jamais appellé.

Ce fut par des voies aussi pernicieuses qu'il se fit décerner la Province de la Gaule, & qu'il la garda pendant dix ans, commettant chaque jour quelque nouveau crime d'Etat; conduisant la guerre à sa fantaisie, attaquant également les amis & les ennemis de la République, jusques-là qu'il fut proposé dans le Sénat de le livrer à l'ennemi; mais sa faction, ses présens & ses promesses le tirerent d'affaire, c'étoit de ses voleries & de ses concussions qu'il tiroit les moyens de corrompre tout le monde. Il donna des festins au peuple, lui fit de grandes largesses, gagna les Sénateurs à force d'argent, & les Soldats à force de dons; il n'y avoit pas jusqu'aux Domestiques qui avoient quelque crédit auprès de leur Maître, & jusqu'aux esclaves les plus vils des Grands de Rome, qu'il ne gagnât par ses libéralités. Tout jeune homme de famille debauché & prodigue, tout homme endetté & devenu insolvable, tout bandit couvert de crimes, trouvoit en lui du crédit & de la protection, & quand leurs dépenses, leurs dettes & leurs crimes alloient si loin qu'il étoit hors d'état de les soutenir; c'étoit à ces honêtes gens qu'il préchoit la nécessité indispensable d'une guerre civile.

Il ne négligea, ni les Rois, ni les Nations Etrangères dont il rechercha l'amitié par ses libéralités. Il leur fournit des secours, des armes, des Esclaves, aux dépens du Peuple Romain, & sans en être autorisé; ne songeant qu'à se faire des amis par avance qui pussent un jour favoriser son usurpation. Pour être en état de soutenir ces dépenses, il dépouilla les Provinces, saccagea les Villes, pilla les Temples n'épargna pas même le Capitole d'où il prit une grande quantité d'or, & mit à la place une quantité égal de cuivre doré ; il mit ſous contribution les Provinces & les Royaumes entiers, le tout pour ſon profit particulier.

Cet homme ne méritoit-il pas mille morts avant même qu'il eût commis ſon plus grand crime ? Il fut le principal inſtrument de la corruption du Sénat ; il le diviſa par une infinité de brouilleries, & en ébranla tous les fondemens.

Ceſar offrit, il eſt vrai, de congédier ſes Troupes ſi *Pompée* conſentoit à faire la même choſe des ſiennes ; mais c'étoit même donner la Loi à Rome que de faire une pareille propoſition. Ce n'étoit pas à *Ceſar*, mais au Sénat à juger quelles étoient les Légions qu'on devoit caſſer & quelles on devoit conſerver : outre qu'on pouvoit juſtement ſoupçonner la bonne foi de cette offre. Quand même *Ceſar* l'auroit exécutée, ne lui étoit-il pas plus facile de raſſembler ſes Soldats Veterans qu'à *Pompée* de rappeller ſes nouvelles levées ?

Quand même il n'y auroit eu aucune corruption dans le Sénat, un seul homme tel que *Cesar* auroit été capable de l'y introduire. On croit que dès son enfance il avoit formé le projet de se rendre le maître de sa Patrie ; &, pour la mettre dans les fers, il fit naître la corruption, & la poussa jusqu'au dernier période. Il n'épargna rien pour exécuter la plus grande injustice, la plus noire des trahisons que la malice d'un homme puisse inventer, & couronna ainsi une longue suite de crimes par le plus détestable de tous.

SECTION III.

Cesar *étoit capable de réformer l'Etat, de le purger de ses desordres, mais il étoit bien éloigné d'y penser. Ses Artifices, son grand sens, & l'enchainement de ses mauvais desseins.*

SI le Sénat avoit besoin de Réformation, pourquoi *Cesar* ne le réforma-t-il pas, pourquoi ne lui rendit-il point sa premiére splendeur ? C'est en cela que consistoit la vraie gloire : c'étoit le seul usage qu'il devoit faire de son pouvoir absolu, & le seul moyen de réparer le crime de son usurpation. Cette entreprise n'étoit pas impossible ; les plus grands & les plus sages personnages de Rome, en étoient persuadés. C'étoit le sentiment de *Brutus*, de *Ciceron* & du Sénat même, malgré tout le desordre & toute la corruption que *Cesar* y avoit introduits, sans cette idée il n'auroit pas été mis à mort par les Conjurés. Si l'on avoit jugé les désordres de l'Etat irréparables, & si l'on avoit regardé un Usurpateur comme un mal nécessaire, on ne pouvoit pas avoir un meilleur maître que *Cesar*. Les Grands de Rome en jugerent autrement : la Liberté fut rétablie pendant quelque tems, & si elle ne dura pas plus longtems ce fut par accident, & à cause de la perfidie d'Octave. La prudence humaine ne sauroit voir tous les événemens possibles d'un seul coup d'œil, & c'est souvent les voir trop tard que de les voir à mesure qu'ils arrivent ; l'on ne sauroit enfin aller au devant d'un mal qu'on ne prévoit point, & dont par conséquent on ignore le reméde. *Ciceron* qui étoit le maître dans le Sénat, possedé de la haine qu'il avoit contre *Antoine*, eut trop de confiance pour *Octave*, & lui fit donner trop d'autorité. Ce perfide abandonna son bienfaiteur au couteau des assassins pour assouvir la vengance d'*Antoine*, pour cimenter leur nouvelle union, & pour commencer le sanglant attentat qu'ils avoient projetté contre la liberté de leur Pays, par le massacre d'un si zélé défenseur de la Patrie. On ne sçauroit apprendre sans horreur le récit de ce qui se passa ensuite, la fureur des massacres, les Citoyens armés l'un contre l'autre, les deux tiers détruits par le glaive, & *Auguste* établi maître absolu sur ce qui restoit. *Auguste* fit semblant de croire qu'il étoit encore possible de rétablir la République & de lui rendre sa liberté; il proposa une ou deux fois de se démettre du pouvoir souverain. Quelque peu de sincérité qu'il y eut dans son procédé, il avouoit par-là qu'il jugeoit l'affaire possible, & *Drusus* fils de son Epouse déclara que son intention étoit de la faire réussir; c'étoit cela même que

Tibere dans la ſuite fit ſemblant de vouloir exécuter.

On dit de *Ceſar* qu'il avoit prédit les calamités publiques & la guerre Civile. Pourquoi donc ne les prévint-il pas ? Sa dictature le mettoit en état de remédier à tous les déſordres & de faire tels réglemens qu'il auroit jugé à propos pour étouffer l'inſolence des particuliers, & faire revivre la force des Loix ; rétablir les fondemens de la République, & la raffermir. Au lieu de cela, il continua de plus en plus d'en détruire l'équilibre, d'affoiblir, & de débaucher le peuple ; enfin de fouler aux pieds toutes les Loix faites pour la conſervation de la liberté.

Ceſar ſe jouoit de la liberté, & de la République ; il la traitoit avec mépris, & en tournoit le nom même en ridicule : *Nihil eſſe Rempublicam ; appellationem modo ſine corpore ac ſpecie.* Il lança des traits de raillerie contre *Sylla* de ce qu'il s'étoit démis de ſon pouvoir uſurpé. Il ne ſongeoit à rien moins & n'avoit rien tant à cœur que le Deſpotiſme, le Diadême, le titre de Roi, & d'être en état de régler tout le monde à ſa fantaiſie ; *nullos non honores ad li-*

bidinem cepit & dedit, spreto Patriæ more. Il vouloit que toutes ses paroles fussent autant de Loix; *debere homines pro legibus habere quæ dicat.* Une preuve qu'il vouloit transmettre sa fastueuse domination à ses descendans, c'est qu'il avoit une Loi toute prête à proposer pour se faire donner le privilége de prendre autant de femmes qu'il auroit jugé à propos, de la qualité & condition qu'il auroit voulu. Les traits de sa Tyrannie se multiplierent si fort, devinrent si altiers & si insupportables que ses bons amis même, les gens du peuple, malgré toutes ses largesses, ses fêtes, ses spectacles, & tous les autres artifices dont il se servoit pour les amadouer & les débaucher, en conçurent de l'ombrage & du mécontentement. Ils déclamoient contre de pareils attentats, en particulier, & dans les Places publiques; ils réclamoient des vengeurs, & l'insultérent même publiquement.

Selon les Loix de Rome la domination d'un seul homme, & par conséquent celle de *Cesar*, étoit une chose criminelle & détestable; tout homme étoit en droit de tuer le Tyran : *cum jus fasque esset occidi, neve ea cædes capitalis noxa haberetur.* La seule raison de douter si l'on devoit se défaire de *Cesar*, étoit qu'il étoit à craindre qu'il ne fût remplacé par un Successeur aussi méchant ou pire que lui : cependant les plus habiles, & les plus honnêtes gens de Rome en jugeoient autrement comme je viens de le faire voir ; & qui pouvoit en mieux juger qu'eux ? A l'égard de la prédiction de *Cesar*, qu'il viendroit des tems encore plus fâcheux, son intérêt propre la lui avoit dictée, & l'on ne devoit pas l'en croire ; elle partoit de sa politique autant que de sa vanité.

On a fort exalté les grandes qualités de *Cesar*, la douceur de son Gouvernement, & sa clémence à l'égard de ses ennemis : il est certain qu'il avoit des talens exquis & une habileté extraordinaire, mais quel usage en fit-il ? ne fut-ce pas pour se rendre le maître du monde ? Ne fut-ce pas pour assouvir son humeur intéressée & son orgueil qu'il mit le Genre-humain dans ses fers ? *Cesar* avoit beaucoup de jugement & d'expérience : il n'ignoroit pas qu'on se rend odieux par des traits particuliers de vengeance & de cruauté, souvent même plus odieux que par le massacre de plusieurs milliers d'hommes qu'on fait périr sous prétexte de guerre & de conquête, quelque peu nécessaires & légitimes qu'elles soient. Le monde juge plus favorablement de l'ambition que de la cruauté, quoique souvent la premiere de ces passions cause de plus grands désordres. *Cesar* savoit que répandant le sang des peuples entiers, il passeroit pour un Héros & couvriroit sa tête de lauriers, au lieu qu'en ôtant la vie à un simple Particulier qui l'avoit offensé, il s'exposoit à passer pour un barbare ; tant les hommes sont séduits par le son des mots & par leurs imaginations ! Nous ne jugeons pas du mal par sa grandeur réelle qui est le seul moyen d'en bien juger, mais par le nom & la qualité de celui qui le fait ou qui le souffre. De là vient qu'un homme sans mérite, & même couvert de crimes, se fera une réputation parmi le peuple, toujours absurde & insensé dans ses jugemens. Des traits de fureur, l'exécution à mort des particuliers, & l'humeur vindicative du Souverain lui auroit ravi sa gloire & flétri la réputation d'héroïsme qu'il recherchoit : sa clémence à l'égard de ses ennemis, sa généreuse intrépidité, le mépris de ses ennemis, & de leurs injures, multiplioient le nombre de ses admirateurs & rendoient sa gloire immortelle.

SECTION IV.

Combien il est vraisemblable que Cesar *seroit devenu plus cruel s'il avoit regné plus long-tems.*

LA générosité de *Cesar*, son naturel porté au pardon des injures, n'étoit pas un garant assuré que sa cruauté n'eût enfin éclaté contre les particuliers. Rome & le monde entier avoient été les Théatres & les témoins de sa cruauté générale : il se seroit accommodé à la nécessité, & à la jalousie qui accompagne le pouvoir souverain. Il auroit abbattu les têtes qui n'auroient point voulu fléchir, & se seroit défait de tous ceux qu'il n'auroit pas voulu toujours craindre. J'avoue qu'il vint après lui des Empereurs qui régnérent sans répandre beaucoup de sang, mais le pouvoir arbitraire étoit alors parfaitement établi, l'on n'avoit plus à craindre ces cœurs altiers élevés dans les idées de la République, & qui avoient goûté la liberté. Lors même qu'on s'étoit déja accoutumé à la servitude, sous *Jules Cesar*, le second Triumvirat se crut-il en sureté jusqu'à ce qu'il eut fait périr par les proscriptions un si grand nombre de Romains distingués par leur mérite qu'on en auroit formé une armée entière? C'étoient des gens que les Tyrans regardoient comme capables de faire de la résistance, & même de détruire leur puissance usurpée. Ce massacre si géneral, cette barbare précaution ne put mettre fin à la cruauté à l'égard des particuliers. *Auguste* dans les premieres années de son régne sacrifioit presque tous les jours quelque illustre tête à ses craintes, & pour la paisible possession de son Empire.

La souveraine puissance rend ceux qui la possédent, insolens, soupçonneux & cruels. *Cesar* ne fut pas assez longtems revêtu de la poupre pour montrer tout ce qu'il étoit capable de faire, cinq mois étoient un terme trop court pour cela ; *retinuit famam sine experimento.* C'est un Jugement précipité, d'assurer que le même homme qui avoit versé le sang des Armées & des Nations entiéres sans sujet & sans autorité, qui avoit foulé aux pieds la liberté & les Loix, mis sa patrie, & toute la terre dans l'esclavage, eut voulu épargner la vie des particuliers, lorsqu'il en auroit craint quelque trahison ou quelque révolte. Cet homme piqué au vif jusqu'à se rendre ridicule, de l'incivilité d'un Tribun nommé *Aquila* qui ne se leva pas de son siège lorsque *César* passa auprès de lui. Ce même *César* qui n'avoit pu ni pardonner ni oublier une pareille bagatelle, qui ne cessoit d'en parler à tout propos long-tems après ; qui ne pouvoit s'empêcher d'en faire paroître son chagrin ; étoit sans doute capable de porter son ressentiment bien loin ; de se laisser même emporter au premier mouvement, sujet comme il étoit à des boutades puériles. S'il avoit vêcu on auroit éprouvé jusqu'où cela pouvoit aller. On ne savoit déja que trop qu'il avoit plus à cœur son ambition, que le bonheur de Rome, & celui de toute la terre. Une marque incontestable de Tyrannie, c'est de gouverner un Etat pour l'amour de soi-même, & de ses intérêts, & de l'asservir plûtôt que de se résoudre à en quitter les rènes. *César* qui avoit commis toute sorte de crimes pour acquérir le pouvoir souverain, en auroit commis encore davantage pour le conserver dès qu'il l'auroit jugé nécessaire : *nemo enim unquam imperium flagitio quæsitum bonis artibus exercuit.*

A quoi sert la modération, & la conduite généreuse de celui qui peut faire tout ce qu'il veut ? Quelle sureté peut-on avoir de ses belles promesses qu'il peut tenir ou ne pas tenir selon sa fantaisie ? Le régne des plus méchans Empereurs eut un heureux commencement : plusieurs d'entr'eux faisoient un très-bon usage de leur pouvoir, tels étoient *Neron*, *Claude*, *Caligula*, *Domitien* : *Nihil abnuentem dum dominationis adipisceretur.* Quelques-uns d'entr'eux gouvernerent comme il faut pendant des années entières. *César* étoit généreux, magnifique & doux jusqu'à l'affectation, mais,

mais, *cunctis affectibus flagrantiorem dominandi libidinem.* Toute passion, tout sentiment cédoit à la soif ardente de la domination. Sans ses grandes & engageantes qualités il n'auroit pu venir à bout d'asservir Rome. Le mérite de Héros, d'Orateur, de galant homme faisoit oublier, ou plâtroit du moins son Usurpation.

Considérons un moment *César* comme un simple particulier, comme le Sujet d'un Etat Républicain, un homme qui n'auroit ni charge ni autorité; comme qui diroit un Médecin, un homme de Lettres, un Artisan : comme un homme élevé de la poussiere, ou nouvellement venu d'un Pays étranger. Demandons-nous à nous-mêmes, qu'avoit à faire cet homme-là, ce particulier, cet inconnu d'aller gouverner les peuples entiers contre les Loix établies par un consentement universel ? Pour avoir été une fois Consul, commandé des Armées, & paru sur le Théatre du monde d'une maniere brillante; il n'avoit pas plus de droit à faire ce qu'il fit, que s'il avoit été simplement artisan, homme de Lettres, Médecin, gueux revêtu, ou étranger. La confiance publique trahie rendoit au contraire son crime plus atroce, par l'abominable usage qu'il faisoit de ses beaux talens.

SECTION V.

César ne devoit pas être regardé comme Magistrat légitime, mais comme ennemi de la patrie.

J'Ai parlé ailleurs de *César*, de son Usurpation, & de sa mort, je veux mettre ici un abregé de ce que j'y avois discuté au long (*a*) „ *César* n'avoit aucun „ titre, il avoit réussi dans ses projets „ par la violence & par toute sorte de „ moyens criminels. Lorsque le souve- „ rain pouvoir est acquis & exercé par „ la force, c'est une tyrannie; & un „ heureux succès n'est pas une preuve „ qu'on y ait aucun droit. Si l'on pré-

(*a*) V. les Lettres de Caton Vol. II. Ce Livre est écrit en Anglois & n'a pas été traduit que je sache.

„ tend que la personne de *César* étoit
„ sacrée, j'en dirai autant de tout Usur-
„ pateur, de tout Tyran ; & s'il est vrai
„ que toutes les prérogatives, & l'im-
„ punité dues à un Magistrat légitime
„ appartiennent aussi à un Usurpateur,
„ à un Tyran, voici les conséquences
„ qu'on peut tirer de cette belle pro-
„ position : premiérement le renverse-
„ ment entier de toutes les nations, du
„ droit, & de la justice tant à l'égard
„ du public, qu'à celui des particuliers,
„ tout Usurpateur sera Magistrat légiti-
„ me, tout Magistrat pourra être un
„ Tyran illégitime : il s'ensuivra encore
„ qu'il n'est pas permis de résister au
„ plus grand des maux qui peuvent ar-
„ river au Genre humain : les moyens
„ nécessaires pour notre conservation
„ sont illégitimes : Quoiqu'il soit per-
„ mis & nécessaire de faire périr de
„ petits voleurs que la misère réduit à
„ dérober, ce sera un crime détesta-
„ ble de s'opposer aux grands voleurs
„ qui font périr les peuples entiers pour
„ satisfaire à leur ambition, & à leur
„ brutalité. Les malheurs publics seront
„ appuyés par de beaux noms ; puis-

» que l'on peut exercer la Tyrannie im-
» punément, il n'y a qu'à la nommer
» Magistrature, & les Auteurs détes-
» tables de la Tyrannie seront sacrés
» pourvu qu'ils se donnent le beau nom
» de Magistrat. Il sera permis d'être un
» destructeur des Nations entiéres, &
» il sera illégitime de faire périr, de
» prévenir, ou de châtier, celui qui
» est le plus abominable, & le plus
» illégitime des Tyrans. Enfin tout hom-
» me qui aura assez de méchanceté &
» de pouvoir pour ravager le monde
» entier, & pour le mettre dans les
» fers pourra aussi le faire impunément.

» S'il est vrai que *César* fût un Ma-
» gistrat légitime, tout malhonnête hom-
» me qui aura du pouvoir pourra ac-
» quérir le même droit, en employant
» la force & l'injustice. Mais si l'on n'ac-
» quiert point la souveraine Magistra-
» ture par la force & en répandant le
» sang, *César* n'avoit aucun droit; s'il
» n'en avoit point, par quels moyens
» auroit-il acquis le droit & l'impunité
» des Magistrats légitimes?

» Chaque particulier est en droit d'op-
» poser la force à la force employée

» contre les Loix. *César* n'avoit pas plus » de droit à l'Empire *qu'Alaric*, *Attila*, ou *Brennus* qui étoient des Conquérans Etrangers. Son crime étoit » plus grand que le leur en ce qu'il » ajouta à celui de son Usurpation ceux » d'ingratitude & de perfidie. On tombe d'accord que la premiere fois qu'il » fit la guerre à sa patrie, elle étoit » en droit de prendre les armes contre » lui : comment ce droit vint-il à s'éteindre lorsque *César* eut mis le comble à son injustice par le succès de ses » armes ? Est-il donc permis de résister » à un voleur avant qu'il nous vole, & » ne l'est-il plus après qu'il nous a volés ? » Le crime devient-il moindre à force » d'être aggravé ? *César* s'étoit rendu » coupable d'un crime capital selon » toutes les Loix de Rome, n'étoit-il » donc pas permis de lui ôter la vie » par le moyen de trente hommes comme par celui de trente mille, dans » le Sénat tout comme dans le champ » de bataille ?

» Un particulier membre d'une Société, quoiqu'il ait reçu une injure » atroce, n'est pas en droit de se faire

„ justice lui-même : il doit laisser agir „ la Loi qui juge avec desintéressement ; „ mais un scélerat perturbateur du ré- „ pos public, qui se met au-dessus de „ la Loi, & des Tribunaux, est un „ ennemi public ; la force est un re- „ méde permis contre la violence quand „ il n'en reste plus d'autre. Dans l'état „ de nature tout homme a droit de se „ défendre lui-même ; lorsque les liens „ de la Société sont rompus il rentre „ dans le même droit. Il n'est pas jus- „ te que les hommes soient privés en „ même tems & de la défense privée & „ de la protection publique.

„ *César* avoit contrevenu à toutes „ les obligations qui peuvent engager „ l'homme ; sermens, confiance, Loix, „ il avoit tout enfraint. Il avoit violé „ tout ce qu'il y a de plus cher au Gen- „ re humain, la paix, la liberté, les „ droits, & les possessions. Complots, „ factions, corruptions, brigandages, „ désolations, sacrilèges & massacres ; „ rien ne lui coutoit de ce qui pou- „ voit servir à l'exécution de son abo- „ minable dessein.

„ Quelle ressource restoit aux Ro-

» mains gemiſſans dans les fers de l'op-
» preſſeur, & ſon épée à leur gorge ?
» Il ne reſtoit plus de Loix & de Tri-
» bunaux, le Tyran étoit leur maître,
» & ſa volonté tenoit lieu de Loi. Il
» avoit fait périr par le fer une moitié
» des Nations, cela lui donnoit-il le
» droit de gouverner l'autre moitié ? Il
» n'y avoit point de force publique qu'on
» pût lui oppoſer : il avoit détruit la
» plupart des Armées de l'Etat & s'é-
» toit approprié ce qui en reſtoit pour
» s'emparer de l'Etat. Il auroit fallu
» être inſenſé pour penſer à l'appeller
» devant les Tribunaux : Il ne reſtoit
» enfin d'autre moyen d'abolir la Tyran-
» nie que de faire mourir le Tyran.

SECTION VI.

De la part qu'a eu le hazard à réhausser le nom & la mémoire de César : *Jugement que* Ciceron *en faisoit.*

LE commun des hommes se laisse conduire par ses imaginations trompeuses : le nom de *César* qui flatte l'oreille, le respect superstitieux qu'on a pour lui, l'importance de ses emplois, ses victoires ; la grandeur même de son Usurpation, toutes ces magnifiques images éblouissent, & donnent un faux éclat à la perfidie & à la plus noire des injustices. Le genre même de sa mort a beaucoup contribué à lui donner de la réputation & à le justifier. Il fut assassiné, cela excita la compassion du peuple qui fit sur cela de grandes lamentations ; de-là vint sa fureur, & ses calomnies contre ceux qui avoient tué le Tyran. Une mort violente, ou de grandes souffrances sont souvent regardées comme un grand mérite ; cela expie souvent les actions les plus infa-

mes.

mes. La compaſſion que l'on a pour le ſort des criminels, leur ſupplice efface l'horreur que l'on a pour leurs crimes; & les malfaiteurs les plus barbares, ceux qui n'ont eu aucune pitié pendant leur vie attirent des larmes à leur exécution, par la ſeule raiſon qu'ils ſont mis à mort.

Il y a encore des circonſtances de la mort de *Céſar* qui ont beaucoup contribué à rehauſſer ſa renommée : il mourut avec bienſéance, avec un grand courage, & fut tué par ſes amis. Ces circonſtances, ſa chemiſe ſanglante montrée à la populace, avec une harangue fort pathétique prononcée par *Antoine*, en exciterent la compaſſion & le courroux : deux paſſions groſſières, toujours conduites par le ſentiment, & jamais par la raiſon. Ces Lieux communs ont fourni dans la ſuite des ſujets de déclamation à des Orateurs ſans jugement; ils ont étalé de grands mots, & parlé avec beaucoup de véhémence en faveur de cet honnête homme cruellement maſſacré, pour ſi peu de choſe que de s'être rendu le maître, & le Tyran de ſa Patrie : n'eſt-ce pas en effet un bien petit crime que d'être l'ennemi du Genre humain?

Cicéron, en parlant de la gloire & des succès de ce Conquérant, dit avec beaucoup de raison : „ Que le vrai bonheur „ n'est autre chose que la bonne fortune „ qui suit de justes projets. Celui qui s'é- „ carte de la justice dans sa conduite ne „ peut jamais être estimé heureux, quel- „ que succès qu'il ait dans ses entreprises: „ ainsi la détestable ambition de *César*, „ ses desseins criminels ne pouvoient ja- „ mais le rendre heureux *Camille*, selon „ mon sentiment, jouïssoit d'un plus „ grand bonheur éxilé de sa Patrie, que „ *Manlius* son contemporain, quand „ même il seroit venu à bout de s'en ren- „ dre le Tyran, comme il le souhaitoit „ avec tant de passion „. (Epist. ad Nepost.) Ce grand homme dit ailleurs, „ qu'il auroit préferé la mort tragique „ d'*Antoine* l'Orateur à l'Usurpation ty- „ rannique de *Cinna*, par qui le premier „ ce digne Romain fut massacré inhu- „ mainement „. Je ne comprens pas le genre d'ambition de *César*, il auroit mieux aimé être le maître d'un misérable village que d'être le second personnage de Rome. Il m'a toujours semblé qu'il y a plus de gloire à être Membre d'un Etat libre, sur-tout d'un Etat comme celui dont nous parlons, le plus grand qu'il y ait eu sur la terre, que d'être maître d'un nombre d'Esclaves, quelque grand qu'il soit.

SECTION VII.

Combien on se trompe de louer ses projets pour la gloire du peuple Romain.

On a publié que *César* formoit des plans glorieux & avantageux pour le Peuple Romain lorsqu'il fut prévenu par la mort. Il est certain qu'il auroit pu cueillir un grand nombre de vains lauriers pour lui-même par le moyen des guerres qu'il auroit faites aux dépens du peuple : mais je ne vois pas quel avantage les Romains en auroient recueilli. Je vois au contraire que les forces qu'il auroit acquises, auroient été uniquement pour lui & contre eux : son aggrandissement auroit augmenté sa tyrannie, mis les Romains plus bas, & fortifié leurs chaînes. Il avoit dessein de faire la guerre aux Parthes, mais il vouloit se faire Roi auparavant; on avoit forgé à ce dessein une prophétie qui portoit qu'il n'y avoit qu'un Roi qui pût les vaincre : cette impudente fausseté, & le but qu'on avoit en abusant le peuple, étoit-ce pour la gloire de ce même peuple ? Pour tout dire en peu de mots, *César* ne pouvoit rien faire d'avantageux & de glorieux pour le Peuple Romain, qu'en lui rendant son ancienne & solide gloire, qui étoit sa Liberté & ses Loix. Une si belle action auroit été la plus glorieuse de sa vie : ne l'ayant pas faite il a rendu sa réputation la plus noire & la plus infame du monde dans l'esprit de ceux qui considérent les choses en elles-mêmes, dépouillées des faux noms, & des déguisemens dont on a voulu les revêtir.

La conduite d'aucun homme n'a été digne d'exécration si celle de *César* ne l'est pas : quand on considère que tous les malfaiteurs du monde joints ensemble n'auroient pû causer la moitié des malheurs dont il s'étoit rendu coupable. On croyoit communément de lui, sans que cela pût noircir beaucoup plus sa réputation, on croyoit, dis-je, qu'il avoit desſein de transférer le siége & toutes les forces de l'Empire à Troye ou à Alexandrie, & qu'après avoir épuisé sans resſource toute l'Italie par de grandes levées, il auroit vrai-semblablement formé un nouveau plan de Souveraineté à sa maniére; affranchi des noms & de l'extérieur des anciennes Loix & Constitutions que l'on respectoit encore à Rome, & qui étoient tout autant de sujets de chagrin pour lui. Il auroit abandonné la Ville de Rome au Gouvernement de ses créatures. Il y a apparence qu'il ne s'y croyoit pas en sureté, ni en aucun lieu qui eût goûté un Gouvernement selon les Loix; il ne pouvoit vivre enfin qu'à la tête des Armées. Sa crainte étoit bien fondée : le plus cruel oppresseur ne sauroit lier les mains de tous ceux qu'il opprime, & encore moins étouffer leur juste ressentiment.

SECTION VIII.

De la mort de César. *Jugement téméraire que l'on fait en attribuant à la vengeance Divine la fin tragique de ceux qui le tuerent.*

QUELS que fussent les desseins de *César* après son Usurpation, il fut prévenu par la mort, & cet homme sanguinaire vit verser son propre sang; il fut tué légitimement quoique contre la forme de la Loi : *abusus dominatione & jure cæsus existimabatur*, (Sueton.) Son pouvoir illégitime rendoit impraticable tout autre moyen de se défaire de lui. Il est vrai que ceux qui le tuerent furent tués eux-memes : la justice de la cause n'est pas toujours suivie d'un heureux succès : le contraire arrive fort souvent : Dieu seul en sait la raison. Ce qu'il y a de vrai, c'est que ceux qui sont tués en combattant pour la défense des Loix sont tués illégitimement : voilà la différence essentielle entre la mort de *César*.

& celle des conspirateurs. Ceux-ci furent vaincus & périrent dans une grande guerre civile, lorsque le vrai courage, la vertu, & l'amour pour la Patrie étoient devenus des crimes capitaux, sujets à la proscription.

Aucun de ceux qui tuerent *César* ne mourut de mort naturelle : autant en arriva-t-il à *César*, qui avoit renversé l'Etat : si sa mort n'étoit pas un acte juste, comment celle de ses meurtriers le sera-t-elle ? Quelle autre règle avons-nous pour juger d'un châtiment que la justice ou l'injustice de la cause que l'on soutient ? Si le Ciel avoit condamné *César*; *Brutus* & ses associés périrent par la malice des hommes : mais s'il n'y a point de règle pour juger des événemens, & si les jugemens varient selon le parti que chacun a embrassé, comment osons-nous prononcer sur cela ? Combien des Empereurs qui lui succéderent moururent-ils de mort naturelle ? Pas un vraisemblablement, si nous en croyons les Historiens, à compter depuis *Jules César* jusqu'à *Vespasien*. *Auguste* fut empoisonné par *Livie* son épouse, *Tibere* étouffé par *Macron* son Favori, afin de frayer le chemin du Thrône à *Caligula* qui périt aussi par l'épée des Officiers de sa Garde : *Agrippine* empoisonna *Claude* son mari ; *Néron* se poignarda lui-même ; *Galba* fut tué par les Soldats, de même que *Vitellius* ; & *Othon* se donna lui-même la mort.

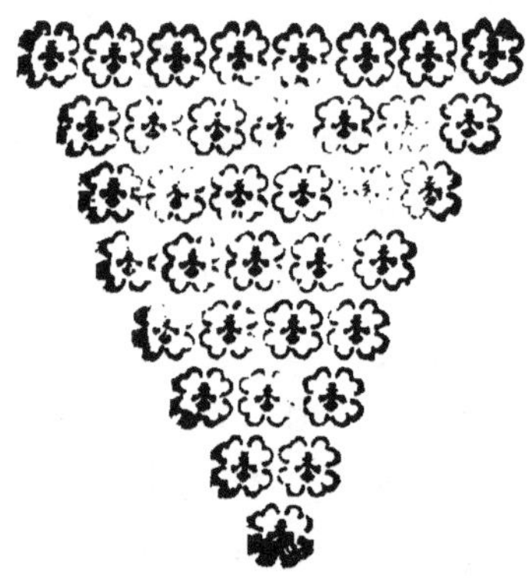

TROISIEME DISCOURS,

Sur *OCTAVE* nommé dans la suite *AUGUSTE CESAR*.

SECTION I.

Des artifices lâches & exécrables dont il se servit pour se rendre maître de l'Empire.

LA mort de l'Usurpateur rétablit la Liberté, mais elle fut d'une courte durée : *Libertate improspere repetitâ. Octave* succéda à *Jules César* non par la supériorité de son génie, ni par sa valeur, & sa grandeur d'ame ; son plus grand talent étoit la ruse, & la fourberie : quelque hardiesse qu'il montrât dans le Conseil, il manquoit de courage dans le champ de bataille. Il usurpa l'Empire par des moyens si bas & si méprisables, qu'ils étoient capables de deshonorer l'Usurpation même; par mille supercheries, & changemens de parti soudains, sans pudeur ni bienséance; par mille meurtres commis de propos déliberé, sans aucune forme de procès & sans sujet; par une infinité de perfidies, d'assassinats, & de traits d'ingratitude : en employant les assassins, & en se faisant tel lui même & par des guerres ruineuses qu'il conduisoit par le courage & la bravoure d'autrui.

Il leva des troupes sans autorité, & sous un faux prétexte de défendre la Liberté : il se fit nommer par la République pour commander contre *Antoine*, il se rendit le maître de l'Armée de l'Etat, & l'on crut qu'il en avoit tué les deux principaux Magistrats, savoir les Consuls *Hirtius* & *Pansa*, le premier de sa propre main au fort de la bataille, & l'autre ensuite en faisant mettre du poison dans sa blessure par *Glycon* son Médecin. Ce qu'il y a de certain, c'est que le Médecin fut soupçonné, arrêté & même condamné à la question : mais il fut tiré d'affaire par le credit de son protecteur *Octave* dont on croyoit pour surcroit d'infamie qu'il s'étoit prostitué à *Hirtius* pour de l'argent. *Pansa* avoit eu toujours des égards tout particuliers pour *Octave* au préjudice même de ce qu'il devoit à sa Patrie : il le témoigna bien dans l'avis qu'il lui donna avant qu'il expirât, par l'impitoyable machination de cet ami si chéri, & si perfide.

Ce fut avec cette même Armée de la République qu'*Octave* attaqua la République, il marcha en ennemi du côté de Rome, envoya des Officiers aux Sénateurs, ses maîtres légitimes, pour leur demander le Consulat au nom des Légions; & sur ce que cette auguste Compagnie témoigna quelque irrésolution; un de ces Députés mit la main sur la garde de son Epée & leur dit, *Si vous ne le faites Consul celle-ci le fera.* C'étoit à *Cicéron* qu'*Octave* étoit redevable des premiers honneurs qu'il reçut au Sénat; ce fut par les sollicitations de *Cicéron* qu'*Octave* obtint le commandement de l'Armée conjointement avec les Consuls, & fut honoré du titre de Propréteur. On sait comment il reconnut ce qu'il devoit au Sénat, la maniére dont il traita les Consuls, & *Cicéron*, son protecteur, son

Conseil, & Pere de la République ; il abandonna ce dernier à la rage de son impitoyable ennemi qui le fit poignarder, & démembrer après sa mort.

SECTION II.

*De l'humeur vindicative d'*Octave, & de *ses horribles cruautés.*

A la bataille de Philippes, *Octave* fut mis en déroute, son camp fut saisi, & sans la valeur & la bonne fortune d'*Antoine* la bataille eût été perdue. Après cet avantage, il montra autant d'insolence & de cruauté, qu'il avoit montré peu de courage pendant l'action ; il ne put s'empêcher d'insulter lâchement au cadavre de *Brutus*, devant lequel il avoit fui peu d'heures auparavant pour sauver sa vie ; & il envoya la tête de cet excellent Personnage à Rome pour y être jettée ignominieusement aux pieds de la Statue de *César*. *Antoine* qui avoit vaincu *Brutus*, & sauvé *Octave*, eut un procédé bien différent, il fut touché de voir

Brutus mort, en répandit des larmes, le couvrit avec son armure, & fit voir beaucoup de respect & de cordialité. *Octave* n'avoit pas le cœur assez grand pour en user avec tant de générosité, & de douceur; il eut la lâcheté d'insulter tous les prisonniers de considération, de leur dire des injures, & de les faire mourir sans miséricorde : *in splendidissimum quemque captivorum non sine verborum contumelia sævit*, ce sont les propres mots de *Suétone*. Un de ces infortunés demandant la grace de la sépulture, eut pour réponse de cet infame Tyran » que les Oiseaux » de l'air mettroient bien-tôt ordre à » cela ». Un autre lui ayant demandé grace pour son fils, & le fils en ayant fait autant pour son pere, le généreux *Octave* ordonna au pere & au fils de se battre à qui survivroit : il voulut repaître ses yeux de ce barbare spectacle; il vit le fils tuer le pere, & se tuer ensuite lui-même de regret. Le reste des prisonniers n'avoient-ils pas raison lorsqu'on les amena devant *Antoine* & *Octave*, de saluer le premier en lui donnant le titre honorable d'*Imperator*, & d'aborder l'autre avec des invectives, & des marques de mépris.

Octave exerça les mêmes cruautés après le siége de Pérouse. Ceux qui s'adresserent à lui pour alléguer leur innocence, ou pour lui demander grace, en eurent tous la même réponse, *moriendum esse*, „ il vous faut tous mourir „ & c'est ce qu'il exécuta. Trois cens des principaux de la Ville, y compris la Noblesse & les Magistrats, furent conduits couverts de chaînes à l'Autel dressé à *Jules César*, & y furent égorgés les Ides du mois de Mars, qui étoient l'Anniversaire de son assassinat; comme des victimes consacrées à ses Mannes. La Ville fut abandonnée au pillage & à la brutalité du Soldat, contre la capitulation & la parole qu'il avoit donnée. On n'avoit jamais vû de spectacle plus sanglant & plus affreux : après que l'on eut tué, pillé & violé; ce que le fer avoit épargné fut livré aux flammes, & cette grande Ville, l'une des plus belles de toute l'Italie, fut réduite en cendres. Il y a des Historiens qui assurent que le différend entre lui & *Lucius Antonius* qui s'étoit enfermé dans cette Ville, n'étoit qu'une feinte, une machination qu'ils avoient projettée, pour deux raisons; la premiére, de reconnoître leurs vrais amis & leurs ennemis, par cette épreuve ; & ensuite par le pillage & les confiscations de ces derniers, de trouver un fonds pour faire aux Vétérans les largesses qu'on leur avoit promises.

Octave ne traita guères plus doucement les habitans de Nursia, il se rendit le maître de tout ce qu'ils avoient, même de leur Ville, les envoyant errer çà & là, & mourir de faim. Leur unique crime étoit d'avoir élevé un Monument à leurs compatriotes tués au siége de Modene, avec cette inscription » qu'ils » étoient morts pour la defense de la Li» berté publique », tandis qu'*Octave* luimême s'étoit déclaré, & avoit combattu pour la même cause.

Il n'est pas possible de se figurer toutes les horreurs des proscriptions, tout homme de considération dans l'étendue de la République Romaine, qui déplaisoit, ou que les Triumvirs soupçonnoient d'être ennemis de leurs tyrannie, étoit par-là même condamné à la mort ; c'étoit un crime capital de le cacher ou de lui donner du secours. On accordoit des récompenses à ceux qui déceloient ou qui tuoient les proscrits : plusieurs d'entre eux furent trahis & poignardés par leurs esclaves & par leurs affranchis, plusieurs périrent par la perfidie de leurs hôtes & de leurs parens, plusieurs se réfugierent avec leurs femmes & leurs enfans dans les déserts les plus affreux. Ils vécurent ou périrent dans les bois & parmi les bêtes féroces. On ne voyoit que sang & que carnage, les rues étoient couvertes de cadavres, les têtes des personnes les plus célebres étoient exposées aux Rostres, & leurs corps jettés sur le pavé privés de l'honneur de la sépulture, ou n'en ayant d'autre que les entrailles des bêtes carnaciéres & des oiseaux de proie. Il sembloit que Rome dût alors périr sans ressource, car lorsque deux des Triumvirs se furent lassés de tant de Massacres, *Octave* dont la cruauté n'étoit pas assouvie, continua à répandre encore du sang. Rien n'échapa à sa rage, ni la Noblesse, ni les Chevaliers, ni les Etrangers, ni les personnes de sa connoissance, ni ses amis intimes, & ses affranchis les plus chéris; ni même son vieux ami, son Tuteur *Toranius*, sans qu'on sache pourquoi, si ce n'est qu'il étoit

étoit homme de probité & attaché au bien de la Patrie.

Ces sortes de Victimes furent sacrifiées journellement pendant plusieurs années consécutives ; les plus légers soupçons, les calomnies les plus infames étoient une raison suffisante pour les Massacres, que dis-je ? pour égorger les Personnages les plus illustres. La qualité, & le poste respectable du Préteur *Quintus Gellius*, ni son innocence ne purent le garantir des mains sanglantes de l'Exécuteur ; son supplice ne fut point ce qu'il eut de plus cruel à essuyer ; il fut saisi sur son Tribunal par une troupe de Soldats, entraîné par force, & mis à la torture comme le plus vil esclave. Il ne confessa rien ; cette injustice criante, & ce barbare traitement ne furent pourtant point capables d'assouvir la fureur de ce débonnaire *Auguste*, dont on a tant vanté la modération & la clémence : il eut la lâche brutalité d'arracher les yeux de ses propres mains, à ce Magistrat avant son exécution. Un des Ministres, favori d'*Auguste*, témoigna franchement ce qu'il pensoit sur sa clémence, dans l'occasion suivante ; ce Prince jugeoit des criminels

& se livroit à son humeur vindicative & sanguinaire dans les sentences qu'il expédioit, sans remords & sans compassion : ce Ministre qui avoit horreur de le voir engagé à de tels actes de cruauté, lui envoya un billet, où le traitant de boucher, il lui disoit de descendre de son Tribunal.

SECTION III.

*De la perfidie, de l'ingratitude, & des autres cruautés d'*Octave; *qu'elles étoient volontaires, & sans aucune nécessité.*

LE procédé d'*Octave* à l'égard d'*Antoine* ne démentoit point le reste de sa conduite. Ce ne fut qu'une suite continuelle de perfidies. Il commença par faire sa cour à *Antoine*, & suborna peu après des scélérats pour l'assassiner ; ensuite il lui fit la guerre avec les Armées de la République : se joignit après cela avec lui contre l'Etat ; se rendit le maître de l'Empire par la valeur d'*Antoine*, & vainquit à la fin *Antoine* par la prudence &

la bravoure d'*Agrippa* ; il chercha ensuite le moyen de se défaire d'*Agrippa*, & sans un expédient que *Mécénas* suggéra à *Octave*, *Agrippa* auroit péri infailliblement.

Doit-on être surpris que l'on conspirât souvent contre ce Prince ? Son Usurpation donnoit lieu à des complots contre sa vie, ses trahisons & sa cruauté en produisoient de nouvelles: les motifs publics & personnels en devoient entretenir la source. Punir une conspiration avec une rigueur excessive, c'est le vrai moyen d'en produire de nouvelles, & lorsque l'innocence n'est pas un abri sûr contre les accusations, on cherche d'autres moyens pour s'en mettre à couvert.

C'est une misérable Apologie pour *Auguste*, de dire que c'étoit par pure nécessité & pour sa propre sureté, qu'il répandit tant de sang : mais outre que sa cruauté partoit de son naturel intraitable, & non d'aucune nécessité ; pourquoi rechercha-t-il un poste où pour se maintenir, il fût obligé de faire couler le sang ? pou quoi usurpa t-il la souveraine puissance ? pourquoi se rendit-il l'objet de la vengeance publique & particuliére?

N'étoit-ce pas son ambition & sa perfidie qui lui firent usurper l'Empire, n'étoit il pas traître à l'Etat, & ne s'étoit-il pas rendu tel volontairement ? Pourquoi se rendit-il coupable de crimes si énormes, que pour les soutenir il fallût en commettre davantage, & laver ses mains sanglantes dans le sang ? Une horrible injustice peut-elle en effacer une autre ? Un Sujet coupable de lése-Majesté s'en justifie-t-il lorsqu'il se révolte contre son Prince, & qu'il le tue pour sa propre sureté ? Il n'y a point de crime ni d'infamie qu'on ne pût justifier par ce beau raisonnement.

Il y eut des gens qui avoient assez de probité & de courage pour reprocher à *Cromwel* son Usurpation & le reste de sa conduite; il leur répondit; Que voudriez-vous que fît un homme qui occuperoit mon poste ? *Monsieur*, lui répondit-on, *nous ne voudrions voir personne occuper votre poste*. Justifier le meurtre sur la nécessité de le commettre pour cacher le vol, c'est raisonner comme un meurtrier & un voleur de grand chemin : voici ce qu'on peut lui répondre raisonnablement. » Ne » volez point, & vous ne serez point ex» posé à la tentation de commettre un

» meurtre ; si vous voulez faire le pre-
» mier crime & en conséquence tous les
» deux, mettez-vous dans l'esprit que le
» châtiment suit ou doit suivre les crimes ;
» & que la multitude des crimes en ag-
» grave la punition : si à force de crimes
» vous vous mettez à couvert du supplice
» vous aurez la satisfaction d'être mau-
» dit & détesté comme l'ennemi du Gen-
» re humain ; vous devez vous attendre à
» avoir tous les hommes pour ennemis,
» étant, comme vous êtes, l'ennemi de
» tous les hommes ; & puisque vous vous
» faites un jeu de la vie & de la Liberté
» des hommes, ne soyez point surpris,
» & plaignez-vous encore moins, s'ils
» ont du ressentiment & de la mémoire,
» & si quelques-uns d'entre eux ont des
» épées & du courage.

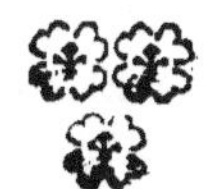

SECTION IV.

*Des artifices d'*Auguste *pour gagner le peuple, & des événémens qui contribuerent à lui faire un grand nom.*

PLUSIEURS choses concoururent à favoriser la réputation d'*Auguste*, & à en faire oublier l'ignominie. Son régne fut long, & il affermit la paix pendant long-tems : ce relâche étoit un bonheur singulier, après une guerre civile si longue & si fatale : *Cuncta discordiis civilibus fessa sub imperium accepit.* Quoique cette guerre fût un fruit de son ambition, une longue paix sans interruption en effaça le souvenir ; & la grandeur des maux que l'Etat avoit soufferts étoit une raison même pour souhaiter de les oublier. Les hommes qui les avoient ressentis y avoient presque tous péri, & la génération suivante ne les ayant pas essuyés, en avoit aussi perdu la mémoire. *Juniores post Actiacam Victoriam, etiam senes plerique inter bella civium nati :* Le peuple eſt peu touché des malheurs qu'il n'a point vus : Lorſqu'*Auguſte* mourut, à peine reſtoit il à Rome un ſeul homme vivant qui eût vu la République ſur pied, *quotuſquiſque reliquus qui Rempublicam vidiſſet ?* Le peuple s'imaginoit de vivre encore ſous l'ancien Gouvernement à cauſe que ſes Magiſtrats retenoient leurs anciens noms, quoiqu'avec très-peu de pouvoir, & préciſément celui qu'*Auguſte* avoit jugé à propos de leur laiſſer. Ce fut l'avis que lui donna *Mécénas* de continuer aux Officiers de l'Etat, les mêmes noms, la même pompe, les mêmes ornemens, & tout l'extérieur de la puiſſance ſans aucune réalité : *eadem Magiſtratuum vocabula ; ſua Conſulibus, ſua Prætoribus ſpecies.* Ces Officiers n'avoient point de commandement Militaire pendant le tems de leur Magiſtrature, mais ils jouiſſoient encore de l'ancien droit de juger toute ſorte de cauſes ſans appel, excepté celles où il y alloit de la vie ; & quoiqu'on eût laiſſé la compétence de quelques-unes de ces derniéres au Gouverneur de Rome, Officier de nouvelle création, les principales furent réſervées à l'Empereur.

Ajoutons qu'*Auguste* rechercha beaucoup la faveur des peuples : le nom même dont il couvrit son usurpation devoit flatter leur oreille, il voulut se qualifier du nom de Tribun : cette charge fut créée au commencement pour la protection du peuple, elle servit de prétexte à *Auguste* pour s'emparer de l'autorité, & il l'exerça aussi despotiquement que s'il avoit pris la qualité de Dictateur : tant est grande la force des termes ! Le Tribunat avoit été créé comme un boulevard contre la Tyrannie, & ce nom servit d'appui à la Tyrannie. Ce fut de cette maniére qu'il regarda le Consulat dont il corrompit l'usage : c'étoit une autre Magistrature de la République, & il s'en servit comme de degré pour parvenir à la Monarchie.

Il gagna encore le cœur du peuple par des distributions de vivres faites de tems en tems, en procurant le bon marché & l'abondance des denrées : cette méthode a un très-grand effet. Lorsque le peuple ne manque de rien chez soi, il ne s'avise guères de découvrir les fautes & les injustices du Gouvernement public : il doit par consé-

quent

quent jouïr d'un grand calme lorsque les particuliers dont il est composé, sont en repos. Mais la crainte qu'on a de la famine, ou les effets qu'on en ressent; les enfans qui demandent du pain, les meres en pleurs pour l'amour de leurs enfans; les peres & les maris hors d'état de secher leurs larmes; de se procurer les nécessités de la vie, & aux personnes de leur sang; c'est-là une terrible source de tumultes, de séditions, & souvent même de révolutions. Je l'ai déja dit, quand le peuple est à son aise, il n'a aucune envie de s'informer à quel titre le Prince gouverne, & de se formaliser des actes de Souveraineté qu'il ne ressent pas immédiatement.

Auguste amusoit souvent les Romains par des Jeux & des Spectacles : c'est une méthode infaillible pour entretenir la bonne humeur de la populace; pour l'engager à contracter de la bonne volonté & du zéle en faveur de celui qui leur donne tant de plaisir; cela leur fait oublier l'usurpation, l'esclavage & tous les désordres publics. On a employé toûjours ces moyens pour corrompre les peuples & les mettre dans les fers : cela les rend oisifs, mercenaires, vicieux, leur fait oublier la vertu en particulier; la gloire, & la honte publique leur deviennent indifférentes; les moyens dont on se sert pour les corrompre leur plaisent. Ils n'en voient pas ou n'en veulent pas regarder la fin; & ainsi ces moyens ont tout l'effet qu'on s'est proposé. Le Peuple Romain auparavant accoutumé à conduire de grandes guerres, à donner des Royaumes ou à les ôter; ces Romains qui gouvernoient le Monde, ou qui en régloient le Gouvernement déchurent si fort de cette grandeur, & tomberent dans un tel dérèglement que pourvu qu'ils eussent du pain & des jeux leur ambition n'alloit pas plus loin.

Le Cardinal *Mazarin* se servit des mêmes artifices pour amollir & abâtardir l'esprit des François. Quand il fut mort on suivit sa méthode de mettre en vogue l'oisiveté & le luxe; on favorisa les jeux, la débauche, l'impudicité, & toute sorte de libertinage qui se répandirent généralement. L'Angleterre après le rétablissement de la Famille Royale, adopta les usages de France, ses modes les plus pernicieuses. Il n'y eut que trop d'Anglois qui se rendant indignes de leur bonheur & de leur liberté, en vinrent jusqu'à devenir amateurs du Gouvernement & de l'infortune des François. Ils tâcherent de dresser le plan de notre Gouvernement sur celui-là, & se rendirent impunément traîtres à leur Patrie.

Je ne saurois me dispenser de remarquer ici qu'à mesure que *Jules Cesar* & *Auguste* se servirent de ces moyens pour se rendre les maîtres de l'Etat, ils en ruïnerent la force. Une grande partie du peuple avoit péri dans les guerres Civiles, & ce qui en restoit tomba par les artifices de ces deux Princes dans le dérèglement des mœurs. Ils tarirent & corrompirent la source d'où l'on tiroit ces braves Soldats qui avoient conquis la Terre; & de là en avant la *plebs ingenua* devint une vraie populace adonnée à l'oisiveté, à son ventre; sans courage, sans ambition & ne se mettant point en peine de son honneur. On eut peine à lever des Troupes parmi ces sortes de gens, & quand ou les eut levées elles ne furent ordinairement bonnes qu'à corrompre les Soldats étrangers. Ce furent les Romains de cette espéce qui excitérent la sédition parmi les légions de la Germanie après la mort d'*Auguste : Vernacula multitudo , nuper acto in urbe delectu , lasciviæ sueta , laborum intolerans , implere cæterorum rudes animos ; venisse tempus &c.* Ann. *Liv. I. Ch.* 31. « Les recrues nouvelle-„ ment levées à Rome , composées de „ gens accoutumés à l'oisiveté & aux „ plaisirs de la Ville , incapables de sup-„ porter les fatigues de la guerre , ré-„ pandirent le feu de la sédition parmi „ les autres Soldats par des suggestions , „ & des discours séditieux , &c ». Il est certain que les Armées Romaines n'en avoient que le nom , & étoient pour la plus grande partie composées d'étrangers.

Pour se faire de nouvelles créatures, & des personnes qui dépendissent de lui , *Auguste* créa plusieurs nouvelles charges ; on regarde cela en France comme un des plus grands appuis de l'autorité Royal. Il éleva plusieurs bâtimens publics, répara ceux qui tomboient en ruine , & embellit la Ville de plusieurs édifices & autres ornemens ; il s'appliqua aux affaires , réforma les abus , montra de grands égards pour le nom Romain , & fut réservé à accorder aux Étrangers le droit de Bourgeoisie Romaine.

Il conſerva la tranquillité publique, procura l'abondance dans les Marchés, augmenta les Fêtes, & les Jeux publics, où il ſe montra lui-même aſſez ſouvent, & n'épargna rien enfin pour ſe faire aimer du petit peuple. Pour tout dire, lorſqu'il eut fait tout le mal dont il étoit capable, joué tous les mauvais tours néceſſaires à ſon but & beaucoup davantage ; il diſcontinua ſes ravages & ſa cruauté. On lui en a fait un mérite, & on l'a regardé comme un bon Prince à cauſe que vers la fin de ſon régne il faiſoit moins de mal. *Caligula* cet inſenſé diſoit avec beaucoup de raiſon » » que les victoires tant vantées d'*Auguſte*, » ſon ayeul, avoient été bien tragiques, » & malheureuſes pour le Peuple Ro- » main ». C'eſt pour cela qu'il défendit qu'on en fît des réjouiſſances annuelles à l'avenir.

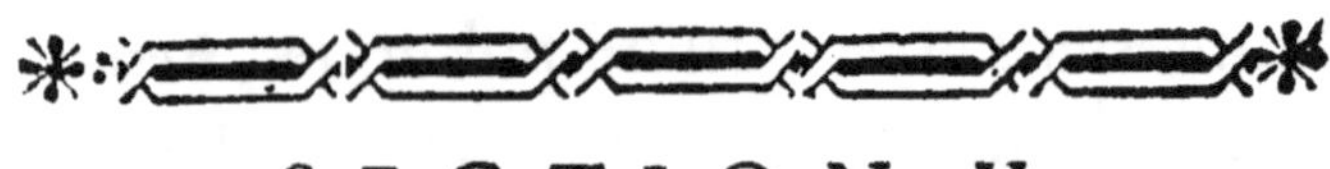

SECTION V.

Auguste *en briguant l'amour du Peuple, & des Sénateurs en particulier, ne laissa pas d'opprimer le Sénat, & la Liberté publique.*

LA conduite spécieuse d'*Auguste*, tant de marques de sa bonté & de son amour pour le peuple, n'empêchoient pas que la racine du mal ne subsistât, & ne se répandît de toutes parts. Les boulevards de la liberté recevoient tous les jours de nouvelles brêches, & ce Prince fit son coup lorsqu'il eut endormi le Public par son procedé flatteur. Les plus beaux jours de son Gouvernement n'étoient que de beaux jours d'un Gouvernement tyrannique. *Ubi militem donis, populum annona, cunctos dulcedine pacis pellexit, insurgere paulatim, munia Senatus, Magistratuum, Legum in se trahere.* Il s'étoit rendu le centre & la régle de toutes choses : lui seul étoit le Sénat, le Magistrat & les Loix : il avoit désarmé la République, & fait mourir ceux qui combattoient pour elle ; *Bruto & Cassio cœsis, nulla jam publica arma.*

Les Armées de l'État étoient devenues les Armées d'*Auguste*, il prit pour lui toutes les légions entretenues sur pied pour la garde des Provinces, & pour les autres besoins ; il laissa celles qui étoient désarmées au Sénat, & au Peuple Romain par pure complaisance pour eux : il eut sans doute la bonté de les débarrasser de tout soin & de toute inquiétude, ne leur laissant rien à faire, & se chargeant lui-même de la conduite de toutes les affaires du Gouvernement. L'Italie, la première Patrie de la Liberté, & le séjour des hommes libres, fut entièrement désarmée selon les maximes d'une Monarchie arbitraire ; le Sénat & le Peuple Romain ne furent plus que les ombres & les squelettes de ce qu'ils avoient été auparavant : *Patres & Plebem invalida & inermia.* Tous les devoirs & la soumission dûs à un État libre, furent transportés avec sa puissance, à la personne de l'Empereur ; les richesses, & les honneurs devinrent ainsi les récompenses de l'empressement à la soumission & à la servitude ! *Quando quis servitio promptior, opibus & honoribus extollerentur.*

Cela montre que quoiqu'il abbaissât

le pouvoir du Sénat, il briguoit la faveur des Sénateurs en particulier ; & il n'eſt que trop vrai auſſi que les hommes en général s'aimant mieux que leur patrie ils lui préférent ordinairement leur propre intérêt.

SECTION VI.

De la réputation que donnerent à Auguſte *les Poëtes, & les autres Ecrivains flatteurs de ſon tems.*

LA gloire d'*Auguſte* parut avec de très-belles couleurs dans les Ecrits des Hiſtoriens & des Poëtes de ſon ſiécle ; c'étoit des hommes d'un genie exquis, mais d'ailleurs des flatteurs achevés. S'il faut les en croire, *Auguſte* avoit toutes les perfections que l'homme eſt capable de poſſéder ; la grandeur d'ame des Héros, l'eſprit, & les inclinations d'un Dieu, & l'innocence des premiers hommes. Après tant d'exemples de ſa cruauté, de ſon humeur vindicative & intéreſſée ; de ſon extrême ſuperſtition & de ſon peu de courage ; après toutes les calamités, les désordres criants, l'oppression & la servitude dont il avoit accablé sa Patrie & le Monde entier, il sembloit que toutes ces louanges devoient être regardées comme des Satyres piquantes : mais,

Nihil est quod credere de se
Non possit cum laudatur Diis æqua potestas.
Juv. Sat. IV. 70.

l'Ambition accompagnée d'un heureux succès l'est aussi de la crédulité : soit qu' *Auguste* crût mériter ces louanges ou non, il les reçut favorablement & fit beaucoup de caresses à leurs Auteurs. *Virgile* & *Horace* reçurent beaucoup de faveurs, de même que les autres Beaux-Esprits qui joignoient à leurs talens celui d'être bons courtisans. Les Admirateurs de ces Poëtes sublimes ont été aussi les Admirateurs d'*Auguste* qui les combloit de ses bienfaits, devenu le sujet principal de leurs éloges.

Supposons que ce Prince eût manqué son coup, que la République se fût rétablie, & qu'il eût été puni comme un criminel d'Etat, au lieu d'acquérir l'Empire ; les Historiens & les Poëtes n'auroient-ils point parlé comme la Loi, comme cette même Loi selon laquelle il s'étoit rendu coupable d'un crime capital? *Brutus* & *Cassius* n'auroient-ils pas été les Sujets continuels des Panégyristes, n'auroitent-ils pas été appellés les Sauveurs de la République? Auroit-on déploré le sort de l'Usurpateur, & le peu de succès de son entreprise? *Catilina* est-il exalté, donne-t-on des louanges aux Usurpations de *Cinna*, de *Sylla*, ou de *Marius*? Cependant la conduite d'aucun de ces Usurpateurs n'a approché de la barbarie de celle d'*Auguste*, & n'a causé la moitié des désordres que cette derniére en causa pendant une assez longue suite d'années. Disons donc avec vérité, que la Tyrannie des premiers fut courte, sans succès, ou abdiquée.

L'injustice sans succès ou suivie de châtiment n'est louée de personne; mais l'extrême méchanceté qui ne connoit point de bornes, & qui triomphe, est un sujet de louange pour la plupart des hommes capables de blâmer les entreprises louables qui ont échoué. *Jules Cesar*, & *Auguste* eurent un heureux succès, & la flatterie continua de même que leur Gouvernement & leur race: *Semper magnæ fortunæ comes adest adulatio*,, le flatterie ne manque jamais de

» ſe tenir auprès de la grandeur «, dit *Paterculus* qui étoit lui-même un infame adulateur. Il a, dans ſon Hiſtoire, miſérablement corrompu, ou ſupprimé la Vérité en faveur des Empereurs à qui il vouloit faire ſa cour. Quand la Vérité eſt regardée comme un crime d'Etat, qui oſeroit la proférer ? Lorſque la flatterie eſt en vogue & récompenſée, manque-t-il de gens qui l'embraſſent de tout leur cœur ? De-là vient la partialité ou le ſilence des Poëtes & des Hiſtoriens ; *gliſcente adulatione deterrerentur.*

SECTION VII.

Du faux lustre que tira la renommée d' Auguste *de la méchanceté de ses Successeurs.*

LA méchanceté des Successeurs d'*Auguste* fut encore une circonstance très-avantageuse à son mon & à sa mémoire, l'éclat de son nom après sa mort, étoit dû à l'état déplorable où se trouvoit réduit alors le Peuple Romain : à mesure que *Tibere* & *Caligula* étoient regardés avec horreur, on regrettoit *Auguste*; cependant à qui étoit-on redevable qu'à lui de ces monstres de cruauté ? c'étoient des legs qu'il avoit laissés à ce grand Empire, & il fut soupçonné même d'avoir livré le Peuple Romain à la Tyrannie de *Tibere*, uniquement pour se rendre recommandable à la postérité, par la comparaison que l'on feroit des deux règnes : *Comparatione deterrimâ sibi gloriam quæsivisse.* Il chercha de la gloire par un moyen qui devoit le faire détester. Il avoit fait semblant une ou deux fois de vouloir se démettre de la Souveraineté : s'il avoit agi de bonne foi il auroit dû faire en sorte au moins que son Usurpation ne durât pas plus que sa vie, & laisser au Peuple Romain dans son Testament, la Liberté qu'il leur avoit enlevée ; cette domination sur le Peuple que le Peuple seul avoit droit d'excercer. Pour dire la vérité, sa puissance & la grandeur de son nom lui tenoient plus au cœur, que Rome, & que tout le Genre humain. Il prit si bien ses mesures par une longue suite de Successeurs, qu'il ne fut pas possible aux Romains de recouvrer leur Liberté : *Provisis etiam hæredum in Rempublicam opibus.* Voyant qu'il ne lui restoit plus d'héritier de son propre sang ou n'en ayant aucun qu'il aimât, il adopta les enfans de sa femme, & nomma pour son Successeur le pire de tous ; *ne Successor in incerto foret.*

Si l'on dit que par cette adoption, il se fortifioit dans la possession de l'Empire, & qu'il regardoit ces héritiers comme des appuis, *subsidia dominationis*, cela fait voir encore que son but principal étoit de perpétuer la servitude des Romains. S'il avoit songé à leur avantage n'auroit-il pas préferé *Drusus* à son frere *Tibere*; *Drusus*, qui étoit le Prince le plus accompli, & le plus populaire de l'Empire? Quand il fut mort, pourquoi ne pas choisir *Germanicus* fils de *Drusus*, Prince qui avoit tout le mérite de son pere & étoit également aimé du peuple? On assuroit d'*Auguste*, qu'il aimoit *Drusus* & *Germanicus*, qu'il avoit de l'aversion pour *Tibere* & le méprisoit: cependant *Tibere* fut préferé à tous les concurrens, & eut l'Empire du Monde pour héritage. *Auguste* faisoit-il cela pour complaire à *Livie*? Il l'aimoit donc mieux que le Peuple Romain, & aimoit mieux satisfaire le caprice d'une femme que faire la félicité du Genre humain. *Drusus* s'étoit expliqué qu'il vouloit rétablir la République: on crut que *Germanicus* avoit les mêmes vûes: ce fut peut-être la raison qui fit laisser ces deux Princes à quartier; *quippe illi non perinde Curæ gratia præsentinm, quam in posteros ambitio*; c'est ce qui fut dit de *Tibere*.

SECTION VIII.

Portrait d'Auguste.

POUR venir au Caractère personnel d'*Auguste*, il étoit plein de sens, & d'adresse ; son courage moindre que son habileté, & celle-ci moindre que son bonheur : sa fortune étoit au-dessous de sa renommée, à cause que celle-ci étoit autant un fruit de la flatterie que de la fortune qui l'avoit si fort secondé. Il étoit plein d'artifices, d'un genie médiocre, mais délié & sachant se servir de l'habilité des autres pour parvenir à ses fins, très-capable de profiter des lumiéres de ceux qui en avoient plus que lui. Ses projets étoient formés par les occasions, conduits par les événemens, & ne partoient pas d'un plan fait de longue main. On ne peut pas dire qu'il maitrisât la fortune, mais plutôt qu'elle le conduisoit. Dans le tems de la République, il n'auroit fait qu'une médiocre figure, & n'en auroit fait aucune, s'il se fût trouvé dans la situation de *Jules Cesar*. Il n'y a aucune apparence qu'il eût formé le dessein, & encore moins tenté de faire ce dont *Cesar* vint à bout : il n'avoit pas la supériorité d'esprit, ni la réputation brillante de ce grand Guerrier; ni sa Libéralité sans bornes, ni son Eloquence enchanteresse. Celle d'*Auguste* étoit aisée & coulante comme il convient à un Prince, & d'un caractère différent de ce torrent d'Eloquence, de cette force d'Orateur nécessaire pour remuer & conduire l'esprit des Républicains. *Auguste* n'approchoit pas de ce talent de *Jules* qui alloit du pair avec les Orateurs du premier rang. Je ne sai si les défauts du Dictateur n'avoient pas des charmes plus capables de gagner le peuple que les vertus d'*Auguste*. *Cesar* se fraya le chemin du Throne, *Auguste* trouva le chemin tout fait, & s'il se présentoit des difficultés il étoit conduit par des gens dont les lumiéres, & le courage étoient supérieurs aux siens; *Auguste* reconnut ce qu'il leur devoit avec une ingratitude pleine de bassesse & de cruauté. Il fit plusieurs choses que le grand cœur de *Cesar* auroit régardées trop au-dessous de lui. Un grand esprit ne prend aucun plaisir à faire de mauvais

tours

tours pour de petits ſujets, quoique pour cauſer de grands déſordres il ne ſoit pas toûjours beſoin d'un genie extraordinaire.

SECTION IX.

Des moyens par leſquels Auguſte *ſe rendit maître de l'Empire, & comment il le conſerva. Son grand pouvoir, & ſes bons ſuccès, ne ſont point une preuve qu'il eût une habileté extraordinaire.*

QU'*Auguſte* ſe ſoit emparé de l'Empire ce n'eſt pas une preuve qu'il fût doué de talens exquis. Mille choſes concoururent à favoriſer ſon entrepriſe, le tems, les événemens, les amis, & les ennemis, les vivans & les morts, tout ſembloit travailler de concert & combattre en ſa faveur. *Ceſar*, *Antoine*, l'autorité du Sénat, l'imprudence du Peuple, l'éloquence & le crédit de *Ciceron*, les conjonctures favorables, l'oppoſition de certaines perſonnes, la condeſcendance, ou l'entêtement de quelques autres. Les charmes même de *Cleopatre*, les perfidies & les craintes d'*Auguste*, tout cela se joignit ensemble, pour l'avancer vers le Throne & ensuite pour l'y faire monter. Il faut avouer pourtant qu'il ne manquoit point d'adresse, pour tourner les occasions à son avantage, car au fond il avoit de l'habileté, le jugement bon, & l'esprit des affaires.

Il n'eut pas besoin de tout son esprit pour tenir les rênes de l'Empire quand une fois il les eut en main. Tous ceux qui auroient pu faire quelque résistance étoient morts ou soumis; il étoit le maître des Armées & avoit des Gardes; tout le peuple étoit désarmé & dans les fers: l'Etat entier étoit si fort abbatu, de même que le véritable esprit Romain, *verso civitatis statu, nil usquam prisci & integri moris*, que le plus chétif personnage du monde soutenu par les Armées & revêtu du nom de *Cesar*, eût pu disposer de l'Empire Romain à sa fantaisie, l'insulter, & le ravager tant qu'il auroit voulu, *omni exuta æqualitate jussa principis aspectare.* Quels gens étoient *Caligula*, *Neron* & *Clau-*

dius ? n'étoient-ils pas des monstre qui avoient seulement la figure humaine ? Cependant ces monstres n'étoient-ils pas soufferts, adorés, & déifiés tandis qu'ils nageoient dans le sang humain, & qu'ils exerçoient leurs brigandages sur tout l'Univers. Ces bêtes féroces ne périrent point par le fer des Romains, mais par les instrumens de leur propre cruauté, par les embuches de leurs propres épouses, de leurs Soldats, ou de leurs esclaves.

De cette maniére on pouvoit être le maître du Genre-humain non-seulement sans avoir du sens, & les sentimens les plus communs de compassion & d'humanité, mais encore avec une haine implacable contre tout le Genre-humain que l'on pouvoit impunément faire éclater tous les jours. L'autorité d'un Lion, ou de quelque autre bête féroce, & tous ses ravages auroient été moins funestes & honteux au Peuple Romain qui en auroit été quitte pour un vaisseau de sang humain par jour. Quand même le Lion Empereur auroit eu une Cour & une Garde d'animaux de son espéce, ils n'auroient pas mis plus de personnes en pièces, ils n'en auroient pas dévoré davantage, que les délateurs, les affranchis, les empoisonneurs & les assassins des Empereurs en faisoient périr. La cruauté causée par la faim cesse quand la faim est appaisée ; mais celle qui est causée par la crainte & par la malignité, n'est jamais rassasiée, & ne connoit point des bornes : les griffes & les dents d'un tygre en fureur sont moins à craindre, que la jalousie & la rage d'un Tyran, de ses flatteurs & des Exécuteurs de ses vengeances.

Où étoit donc la difficulté pour *Auguste* ; quel besoin avoit-il d'une prudence singulière pour conserver la Souveraineté, puisque de si méprisables personnages furent capables de se maintenir pendant plusieurs années ? Les Romains auparavant maîtres du Monde devinrent la possession tranquille, les Vasseaux, & les victimes de plusieurs misérables qui auroient été incapables de s'acquitter passablement du moindre emploi, de l'emploi le plus bas d'un Etat ; gens dépourvus d'entendement & de courage. Tels furent, sans aucune exagération, les maîtres de Rome pendant plusieurs règnes successifs : tels, ces rebuts de la nature fouloient aux pieds les têtes les plus illustres, & se faisoient un jeu de répandre le sang humain ; ils abandonnoient même cet emploi, & le sort des Romains, leurs biens, & leurs vies aux plus vils de leurs domestiques, de leurs créatures, délateurs, espions & escalaves.

QUATRIÉME DISCOURS,

Sur le Gouvernement libre, & sur le Gouvernement arbitraire ; en particulier sur celui des Empereurs Romains.

SECTION I.

Absurdité du Principe que Dieu établit & protége les Tyrans : les Romains ne le croyoient point.

JE n'ai pas trouvé que les Romains enduraſſent un eſclavage auſſi ſtupide & infame que je l'ai décrit, par aucun principe de Religion. Quelque vaine & ſuperſtitieuſe que fût la leur, elle n'avoit point encore choqué le ſens commun au point d'enſeigner à ſes Sectateurs que leurs Dieux pouſſaſſent le caprice juſqu'à favoriſer la Tyrannie, & à ſanctifier les Tyrans ; que le ſenſuel & ſanguinaire *Caligula* fût le favori & le vicaire de Jupiter tout-puissant, tout sage & tout miséricordieux ; que le dernier des hommes eût une commission spéciale du Ciel pour opprimer les hommes, & pour en détruire la fleur. Que le meurtre, le brigandage, & le désordre fussent un Gouvernement ; & que des voleurs effrenés & sanguinaires fussent des Gouverneurs divinement établis : que les hommes n'eussent aucune ressource contre la férocité dévorante ; contre le fer destructeur de la Société, & du Genre-humain. Ces absurdités étoient indignes du Paganisme même, & de ses idées chimériques. Jamais la Superstition des Idolâtres n'a proféré de tels blasphêmes, & n'a inventé des choses si injurieuses aux dieux & aux hommes ; elle n'a jamais répandu une doctrine qui auroit rendu ces derniers des sots, privés de sentiment & de réfléxion, & en auroit fait des bêtes de somme ; ou des animaux pour la boucherie, qui auroit changé les Divinités en Démons, la Société humaine en un monceau confus de cadavres ensanglantés, & le séjour terrestre le plus délicieux en un véritable Enfer. Il n'est jamais entré dans l'esprit d'aucun Grec ni d'aucun Romain, ni d'aucun homme qui ait eu quelque sentiment de vertu & d'humanité que ce fût une chose illicite de combattre pour la défense des Loix, que ce fût un crime de se mettre à couvert du meurtre, de la barbarie & de la désolation, que ce fût une impiété de faire l'action la plus religieuse qu'on puisse faire sous le Ciel, qui est de désarmer un Tyran & de garantir la patrie d'une perte inévitable. Il est vrai que les Romains flattoient leurs Tyrans de la maniére dont les Tyrans aiment à être flattés; mais comme le nom & les apparences de l'ancien Gouvernement étoient encore sur pied, ils faisoient semblant de croire que les anciennes Loix étoient toûjours en vigueur; comme les Empereurs aussi donnoient à entendre qu'ils se gouvernoient selon ces mêmes Loix. Plusieurs générations après que le Sénat eut été mis dans les fers, durant même le régne des plus méchans des *Césars*, les Romains témoignoient un grand mépris pour les Nations qui vivoient dans un Esclavage déclaré, & pour les Rois qui se piquoient de gouverner

verner

verner deſpotiquement ; ce fut même l'uſage pendant long-tems de voir les Souverains Etrangers attendre dans l'antichambre ou groſſir la cour des Gouverneurs des Provinces & autres Magiſtrats de Rome, qui leur refuſoient l'entrée quelquefois & les traitoient avec beaucoup de hauteur.

Il ne faut point douter que le Gouvernement ne ſoit une choſe ſacrée ; il a un droit inconteſtable, pour ſe faire obéir & reſpecter. J'entens par Gouvernement ce qui renferme l'idée de la protection des Sujets & de la ſureté de l'Etat. Qu'il ſoit la terreur des malfaiteurs, l'encouragement des gens de bien & de ceux qui ſont utiles à la Patrie : mais lorſque le Gouvernement n'eſt plus, & que ce que l'on honore de ce nom n'eſt réellement qu'une oppreſſion univerſelle, une ſource de ravages & de voleries : lorſque le ſceptre eſt entre les mains des ſcélérats, & qu'ils s'en ſervent pour faire périr les gens de bien, lorſque les Loix & la probité ſont bannies, que la convoitiſe & l'injuſtice triomphent ; que les poſſeſſions légitimes ſont ravies par la ſeule violence ; que la vie des hommes est en butte aux caprices d'un Tyran, peut-on dire que ce soit un Gouvernement? Si l'on dit qu'oui, je voudrois bien connoître la chose qui lui est la plus opposée, & qui n'est pas un Gouvernement.

SECTION II.

Défense du droit de résister aux Tyrans, par les vûes du Gouvernement & la Nature de Dieu. D'où vient que l'on enseigne les opinions les plus impies, & les plus absurdes; & la raison pourquoi elles sont facilement reçues.

C'EST sans difficulté un crime de résister au Gouvernement; mais il est très-légitime de résister à tout ce qui s'écarte de sa vraie nature, de remédier à tout ce qui tend à le détruire, & à rendre malheureux le Genre-humain. Résister aux abus du Gouvernement c'est appuyer le Gouvernement. J'accorde qu'il est juste de secourir nos protecteurs, mais il est également juste de s'opposer à nos ennemis, à des enragés, & à des brigands. Or de quel œil peut-on regarder *Neron*? Que dire de *Caligula* & de *Claude*, ce dernier un imbecille qui aimoit à répandre le sang, & l'autre un furieux qui n'avoit de l'homme que la figure? Le premier étoit comme le second, & tous deux étoient des voleurs, & des bourreaux de l'Etat. Si la suite continuelle de leurs cruautés, & de leur Tyrannie étoit un Gouvernement, on peut qualifier de ce nom les pestes, les tempêtes, & les innondations. Si au contraire on reconnoit que leur vie & leurs actions étoient absolument pernicieuses & abominables, c'étoit rendre un service signalé au Genre-humain que d'exterminer de pareils monstres. *Tarquin*, dont personne n'a blâmé l'expulsion, approchoit-il de la noirceur & du caractère odieux de ces Empereurs? L'insolence & la Tyrannie de *Tarquin* avoit-elle été établie par la Divinité? Si cela est, quel jugement porter du Gouvernement du Peuple & du Sénat qui suivit celui de la Royauté? Si l'on dit que c'étoit encore un établissement Divin, tout Gouvernement bon & mauvais, ou pour mieux dire le Gouvernement & le désordre, le brigandage public, la destruction de la sureté publique & particuliére doivent être regardés aussi comme un ordre de la Divinité, & il y aura ainsi des ordres célestes qui combattront l'un contre l'autre, comme faisoient les deux Anges dont il est parlé dans l'un des Prophètes. Si l'on dit que c'étoit la Tyrannie de *Tarquin* & non l'établissement de la République que Dieu avoit ordonné, les Avocats de cette opinion ne sont-ils pas réduits en conséquence à soutenir cette absurdité grossiére & blasphématoire, que la Divinité désapprouve le bon Gouvernement, l'équité & les Loix, & qu'elle prend plaisir dans l'injustice, la cruauté & la confusion; non dans l'exécution d'une exacte justice, mais dans les ravages de la convoitise & de la méchanceté.

Dire que tous les Gouvernemens, bons & mauvais, sont à son égard également inviolables, c'est soutenir que Dieu ne prend aucune connoissance des affaires du monde, & que l'innocence & le crime sont des choses indifférentes à ses yeux. Avancer que le Gouvernement le plus favorable au Genre-humain est celui qui lui déplait davantage & que la règle de la convoitise brutale est préférable à celle des Loix ; c'est en faire un Dieu pire que ceux d'Epicure, c'est le représenter comme protecteur des criminelles fantaisies, & de l'oppression : comme ennemi de l'ordre, & de la bonté, préférant follement le caprice & la violence d'un seul homme au bonheur de plusieurs millions d'autres ; c'est le faire qui plus est, défenseur de l'injustice, & adversaire déclaré de toute droiture publique. Si l'on dit qu'il n'approuve pas la Tyrannie en elle-même, mais qu'il ne veut pas que les hommes la combattent, c'est ajouter l'absurdité à la profanation, d'autant que ne pas s'opposer à un désordre & ne permettre pas que d'autres y remédient c'est tout autant que de l'approuver. Si je vois un homme qui va commettre un meurtre & que j'intimide ceux qui veulent l'en empêcher en les menaçant de les soumettre à de grandes peines, dira-t-on sans raison que j'ai voulu que le meurtre fût commis ? Outre cela, c'est faire de l'Etre suprême un Etre impitoyable, de prétendre qu'il défend de remédier au plus grand des maux qui puisse affliger le Genre-humain ; & qu'il réduit volontairement les hommes à la plus cruelle misère.

Je n'ai jamais ouï dire que Dieu ait défendu sous aucune peine, d'user de remèdes contre la peste, & je crois en avoir trouvé la raison : la peste n'a ni Thrésors ni Dignités pour récompenser les flatteurs. S'il eût valu la peine de faire de cette défense un article de Religion ; je veux dire si une pareille doctrine eut été le chemin de l'autorité & de la faveur, je ne doute pas qu'elle ne fut établie, & n'eût eu grand nombre de Sectateurs, de même que d'autres Dogmes également absurdes ont eu cours, lorsque l'avarice & l'imposture de certains hommes ont été suivies & défendues, par le zèle & la superstition d'un grand nombre d'autres. J'en puis donner pour exemple la Transubstantiation, le Purgatoire, la Confession auriculaire, l'obéissance aveugle à la Tyrannie &c. Les Turcs par un attachement superstitieux à la Doctrine de la Predestination s'abstiennent de prendre des précautions contre la peste lorsqu'elle fait ses ravages à leurs portes. Il n'eſt pas poſſible d'imaginer une Doctrine plus étrange & plus pernicieuſe ; elle ne laiſſe pourtant pas de trouver des partiſans & des admirateurs, pourvu que ceux qui la prêchent, aient un certain nom, & certains habits, ſans quoi les vérités les plus brillantes & les plus utiles ne ſauroient s'accréditer parmi la multitude : elle eſt enſorcelée par le charme magique des noms & de la ſuperſtition.

Il étoit impoſſible à la malignité humaine d'inventer une Doctrine plus abſurde & plus criminelle, que celle qui menace de la vengeance Divine, & des ſupplices éternels ceux qui oſent réſiſter au plus inſupportable malheur qui puiſſe arriver aux miſérables mortels. Cette Doctrine a pourtant trouvé des inventeurs & des défenſeurs : on voit par cet exemple & par mille autres qu'il n'y a point de méchanceté dont le cœur de l'homme ne ſoit capable, & qu'il préfère ſans remords, ſon profit & ſon plaiſir particuliers au bonheur de tout le Genre-humain. Il ſemble que nous étions réſervés à un ſiècle barbare, à la lie des Tems, puiſqu'il étoit réſervé à cette génération, & au centre de la Chrétienté de faire éclore ce monstre : il lui a fallu sacrifier le sens commun, l'humanité, tous les égards qu'on doit à la Vérité, à la Liberté & au bon ordre.

Les Avocats de ce Dogme impie qui nous représente Dieu très-grand & très-bon comme enflamé de courroux contre les hommes qui tâchent de se délivrer de leurs chaines, & de leurs afflictions ; ces Docteurs, dis je, en se rendant les Apologistes de la Tyrannie sont d'autant pires que les Tyrans eux-mêmes, qu'un Système de barbarie, imaginé & défendu de propos déliberé & de sang froid, est plus odieux que des actes particuliers de cruauté commis dans la chaleur de la passion, & dans un premier mouvement ; qu'un meurtre commis de guet à pens est un plus grand crime qu'un simple homicide.

A quoi servent la Liberté & les Loix, quelque excellente que soit leur Constitution, si elles sont abandonnées à la fureur, & à un caprice déréglé ? Si Dieu nous défend de combattre pour les Loix, pourquoi les établissons-nous ? Est-il donc permis de faire ce qu'il n'est pas permis de défendre ? Quel est le but du Gouvernement, sinon le bonheur des hommes, & à quoi sert la subordination dans la Société si elle n'est un moyen de les rendre tous heureux ? Dieu s'est-il jamais entremis pour empêcher l'établissement de la Société sur de bons principes ? Si ce n'est pas sa volonté, & qu'il veuille au contraire le bien de la Société en général & de chaque homme en particulier ; pourquoi se refuseroit-il au soutien d'un établissement qu'il n'a dédéfendu nulle part : voudroit-il s'opposer à un bien que l'on reconnoit qu'il veut lui-même ? *Neron* avoit-il plus de droit d'ôter la vie à un innocent que n'en a un assassin du commun ? quelle prétention pouvoit-il avoir sur les biens d'autrui autre que celle d'un voleur ? lui étoit il plus permis de répandre le sang qu'à un Tygre ? Est-ce donc une chose illégitime de résister aux voleurs, aux assassins & aux bêtes carnaciéres ? Le Tout-puissant a-t-il jamais dit de ce Tyran brutal : „ Ne touchez point à *Ne-* „ *ron*, c'est mon Oint, ses assassins „ même ne font tort à personne „ ? Le poste éminent de *Neron* diminuoit-il l'horreur de ses crimes, étoit-ce pour lui des Lettres d'abolition?

Quelle idée cela donne-t-il du Pere miséricordieux de tous les hommes, de le représenter comme veillant à la conservation de cet ennemi de Dieu & des hommes, comme d'une personne sacrée & inviolable qui tient son autorité de Dieu; de nous représenter, dis-je, l'Eternel saint & miséricordieux comme protecteur d'un barbare destructeur du Genre-humain! Quel plus grand rapport peut-il y avoir entre le regne de *Neron* & la Bonté de Dieu, qu'entre cette même Bonté & un Tremblement de terre, un Incendie ou un Massacre? La seule proposition fait frémir! Une telle peinture est-elle capable de rendre le nom de Dieu aimable & d'exciter les hommes à le révérer? On dit du Démon qu'il prend plaisir aux misères & aux désastres des humains; si l'on suppose que cet Etre malfaisant s'intéresse à la conservation d'un Tyran, dont l'occupation est d'avillir & d'opprimer le Genre-humain, c'est raisonner conséquemment & conformément au caractère du Diable. Je voudrois donc que les hommes ne s'avisassent pas d'imputer à l'Auteur de tout bien des desseins & des inclinations si détestables : ils ne conviennent qu'au Pere du meurtre & du mensonge.

SECTION III.

Du Piège que tendent les Principes de Servitude à ceux qui y mettent leur confiance, & du danger visible attaché à une Puissance illimitée.

LEs Tyrans & les oppresseurs ne gagnent eux-mêmes rien à cette Doctrine d'obéissance aveugle qui les remplit d'une fausse confiance ; elle les a toujours rendus plus méchans, & rarement les a-t-elle mis à couvert du danger. Cette Doctrine sans faire aucun bien aux Princes a été une source fatale de maux pour leurs pauvres Sujets. C'est un Article de Foi parmi les Turcs digne de leur grossiéreté & de leur barbarie : cependant en quel pays du monde la déposition & & le massacre des Princes ont-ils été plus communs qu'en Turquie ? On dit au

Monarque qu'il peut faire tout ce qui lui vient en fantaisie, leur Religion le lui dit, le Mufti, qui est leur saint Pere, la lui explique ainsi, la lui annonce de la part de Dieu, & malgré toutes ces saintes autorités, la personne du Monarque si sacrée, gardée avec tant de précautions Divines & humaines, est souvent mise en pièces avec moins de formalité que celle d'un malfaiteur d'entre le vulgaire : & même avec le consentement & le secours du Mufti. Cela est arrivé plus d'une fois dans un seul siècle : si l'autorité de ces Monarques avoit été moindre, leur sureté en auroit été plus grande,

Nunquam satis fida potentia ubi nimia.

Un Prince absolu est celui qui est le moins assuré, n'agissant par aucune Loi fixe, il n'a aucune règle non plus pour se croire en sureté. Il exerce des violences, & la violence est le seul remède qu'on lui oppose. La violence même ne se conduisant par aucune règle, aussi changeante & illimitée que le sont les passions & les imaginations des hommes, ne sauroit trouver des précautions assurées pour se mettre à couvert ou pour se défendre. Les traits de cruauté d'un Tyran tombant sur des Particuliers soit par motif de vengeance, soit pour les prévenir, jettent l'allarme dans l'esprit d'autres Particuliers qui tâchent de se défaire de lui pour mettre leur vie en sureté. Ceux qui croyent leur vie en danger tentent toute sorte de moyens pour la conserver ; mais si le danger qu'ils ne faisoient que craindre leur paroit inévitable, on sait à quelles extrêmités le désespoir est capable de les pousser. Ce fut ainsi que *Caligula*, *Domitien*, & *Commode* furent égorgés par ceux même dont ils avoient ordonné la mort. Toutes les Armées du Monde, toutes les Gardes ne sauroient prévenir les machinations & les efforts d'un ennemi caché ; il peut y en avoir un dans les Armées & parmi les Gardes du Tyran, dans son domestique, dans la chambre où il couche, parmi ses parens, & ses propres enfans.

Lorsque les Princes agissent selon les Loix, si les Particuliers se plaignent de quelque rigueur, ils peuvent recourir à la Loi, & s'ils ne trouvent aucun remède à leurs griefs dans l'exécution fidèle de la Loi, ils doivent obéir, & ne s'en prendre qu'à la Loi même: c'est ce qu'ils font en effet. Si au contraire ils ne souffrent point en vertu de la Loi, & qu'on employe la violence toute pure contre eux, ils chercheront leur recours dans la violence. Un peuple n'est jamais si bas, & si insensible, à quelque oppression qu'on l'ait accoutumé, qu'un Chef de parti habile n'y trouve quelque signe de vie, quand ce peuple est poussé à bout; & avec un peu de conduite, il peut causer de grandes révolutions. On l'a vu par l'exemple de la Sicile sous la domination des François, de la Suisse sous celle de la Maison d'Autriche, & des Pays-bas sous le joug des Espagnols. Les Esclaves mêmes qui se font le plus d'honneur de leur Esclavage, les Turcs, se soulevent souvent, terrassent leur orgueilleux Tyran & le foulent aux pieds.

Les Esclaves irrités sont certainement la populace la plus dangereuse; n'ayant aucune ressource contre l'oppression ils se déchainent contre elle avec fureur. Une petite étincelle allume souvent la flâme, & la flâme se répandant cause un incendie général quand la matiére y est diſpoſée : ce qui ne manque preſque jamais dans les Gouvernemens abſolus ou qui travaillent à le devenir. Les troubles de Paris pendant la minorité du feu Roi de France furent ſuivis d'un ſoulevement général de toute la France, quoique le Royaume entier eût été intimidé, réduit au déſeſpoir, & fût tombé dans une eſpèce de Léthargie. Cependant les tempêtes qui ſuivirent ce faux calme faillirent à renverſer la Monarchie. La tranquillité publique ne ſauroit être aſſurée, & aucun Gouvernement n'eſt à couvert des révolutions quand les Sujets y ſont expoſés au pillage & à l'oppreſſion. Les Peuples que l'on traite comme des bêtes brutes, ſont capables d'agir comme des bêtes irritées : devenir furieux ſi on les maltraite, & ſi on les réduit à la faim.

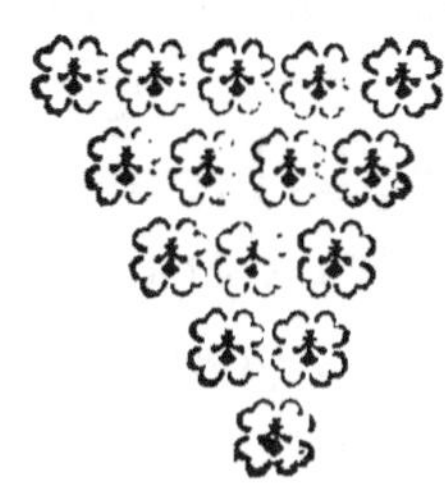

SECTION IV.

Les Princes dont l'esprit est borné & mauvais sont les plus avides de l'autorité sans bornes : ceux dont l'ame est grande & généreuse préférent un Gouvernement limité par les Loix.

UN Prince qui ne songe qu'à augmenter son pouvoir, & à prendre tous les avantages qu'il peut sur son peuple, est épris d'une Ambition bien indigne & capable de le faire mépriser. C'est se priver volontairement de la qualité aimable de Pere & de Protecteur qui fait essentiellement la vraie gloire d'un Roi, & se revêtir de celle d'ennemi domestique : *Non dominationem & servos, sed rectorem & cives cogitaret.* C'est sur cela que doit réfléchir avec attention un Prince qui a l'esprit grand & bienfaisant. Il ne doit pas se regarder comme un Tyran qui le porte haut, & ses Sujets comme sa proie, & ses Esclaves ; mais plutôt comme un Magistrat modeste de ses propres

propres compatriotes, qui tient à eux par les liens aimables d'une administration bienfaisante. C'est la différence d'*Elisabeth*, & de *Richard II.* Quelle gloire & quelle prospérité sous le règne de cette Princesse! quelle infamie & quel malheur sous celui de ce Tyran! quelles bénédictions accompagnent la mémoire de la Reine; & avec quel mépris on parle de celle du Roi! On voit manifestement par l'Histoire d'Angleterre que ceux de ses Souverains qui ont été les plus avides du Gouvernement arbitraire, étoient sur-tout ceux en qui l'on remarquoit un esprit chétif, & fort peu de genie; des Pedants, des superstitieux, des lâches & des effeminés.

Les Historiens François remarquent, que leurs Princes les plus foibles & les plus indignes ont été les plus entêtés du Despotisme, & que leurs meilleurs Rois & les plus sages se sont contentés d'un pouvoir limité & ont gouverné selon les Loix. *Louis XI*, dit le Cardinal de *Retz*, étoit plutôt rusé que prudent, c'étoit un vrai Tyran qui fouloit aux pieds les Loix du Royaume & la vie de ses Sujets, il faisoit des extorsions sur son peuple qu'il opprimoit de toutes maniéres ne suivant d'autres conseils que ceux de son avarice & de son caprice. Quel avantage, quelle satisfaction, quelle sureté ou quelle réputation retira t-il de ses énormes Usurpations, & de son pouvoir Tyrannique ? Jamais homme n'a essuyé pendant sa vie un pareil enchaînement de frayeurs, de soucis, & de soupçons & n'a eu une mort accompagnée de tant de terreurs & de misère; sa vie, sa mort & sa mémoire sont également détestés (a). *Louis XIII*, naturellement bon, mais foible, étoit fort jaloux de son autorité, uniquement parce qu'il en ignoroit la nature : au-lieu que *Henri IV*, qui avoit l'ame grande & généreuse, ne se défia jamais des Loix à cause qu'il se confioit dans la justice de ses projets. *Il ne se défioit pas des Loix, parce qu'il se fioit en lui-même*, dit le Cardinal de *Retz*. Un autre Monarque de France à qui l'on a donné le nom de Grand, aimoit extrêmement, & jouïssoit en effet d'un pouvoir sans bornes : il n'avoit pas l'esprit grand, ni un génie proportionné à son Ambition démesurée. Il avoit une

(a) V. Philippe de Comines & Mezerai.

certaine roideur opiniâtre, que ses flatteurs appelloient force d'esprit & fermeté, qui ne venoit que de son orgueil, & de son obstination, qualités qu'on trouve dans les simples femmelettes, & qui faisoient le caractère dominant de sa mere. Dans la Religion il étoit superstitieux, dans la Politique trompeur, soupçonneux & timide; dans le Gouvernement, insolent & tyrannique; possedé par ses maitresses, sous la tutèle de ses Confesseurs, la dupe de ses Ministres; le fleau de ses voisins, & de ses Sujets, addonné par pure vanité à la Guerre sans avoir les talens d'un Guerrier; ennemi malhonnête, allié sans foi, & grand perturbateur du repos du monde avec une habileté au-dessous de la médiocre.

Il étoit naturel à un Tigre sur le Throne comme étoit *Caligula* de se plaire à un pouvoir aussi féroce que l'étoit son humeur sanguinaire, & de se glorifier, qu'il avoit un droit sans bornes de faire tout ce que sa volonté, ou pour mieux dire sa fureur, lui suggeroit; *Omnia sibi in homines licere:* Mais que le discours que tint *Trajan* à ses principaux Officiers étoit digne de son humanité & de son cœur bienfaisant ! Il leur présenta une épée avec ces mots *pro me ; si merear in me :* „ cette épée, cette marque „ d'autorité que je vous donne, tournez-„ la contre moi s'il le faut „. Voyons maintenant si la monstrueuse puissance que *Caligula* prétendoit avoir & qu'il exerçoit en effet, a pu le mettre à couvert, & si *Trajan* en la désapprouvant a diminué en rien sa propre sureté : bien loin de là, le premier fut abhorré & assassiné comme un Tyran qu'il étoit, le dernier fut aimé pendant sa vie jusqu'à l'adoration, & regretté amérement à sa mort comme le pere & le protecteur de l'Empire. *Trajan* croyoit que le but & la prérogative du Thrône sont de protéger les peuples, & il n'y a point d'autre usage légitime sur la Terre de l'autorité Souveraine.

Le Cardinal de *Retz* dit dans ses Mémoires, qu'avec toutes les raisons qu'il put imaginer, il ne lui fut jamais possible de faire entendre à la Reine Régente la force de ces termes *le bien public :* elle croyoit qu'il n'appartenoit qu'à un Républicain de songer à l'avantage des Peuples, & ne concevoit pas que l'autorité

Royale fût autre chose que la seule volonté du Prince suivie d'une obéissance servile & sans bornes. Falloit il s'étonner si les Peuples en France gémissoient sous le poids de l'oppression & des impôts, tandis qu'une femme de ce caractère tenoit le timon du Gouvernement, & qu'elle se laissoit conduire aveuglément par *Mazarin* Voleur public si jamais il en fût; convaincu d'avoir volé dans les Finances neuf millions en peu d'années; qui avoit passé sa jeunesse à faire des tripponneries honteuses, qui n'avoit d'autres maximes de Gouvernement que celles qui sont propres à la plus cruelle Tyrannie de de-là les Monts, celle du Pape; qui se trouvant élevé au poste glorieux de premier Ministre, ne pouvoit s'empêcher de laisser paroître la bassesse d'un misérable escroc? *Le vilain cœur paroissoit toujours au travers*, dit le Cardinal de *Retz*, le Duc d'Orleans appelloit *Mazarin*, *un Scélérat, Ministre incapable & abhorré du Genre-humain; un menteur fieffé.*

SECTION V.

Que le Gouvernement réglé par des Loix inviolables est le plus conforme à la prudence & à la sureté, tant à l'égard du Prince que du Peuple.

CE fut une sage réponse que celle que fit *Théopompe* Roi de Lacedémone à sa femme : elle lui reprochoit qu'il laissoit la Royauté moins absolue à ses enfans par la création des Ephores, *cela est vrai*, répondit-il, *je la leur laisse plus bornée, mais plus durable. Valere Maxime* dévelope cette pensée par une refléxion très-juste. » La raison de *Théopompe* étoit pleine de force & de justesse, » car dans le fond l'autorité qui se borne » elle-même, & qui ne fait tort à per» sonne, n'est exposée à aucune violen» ce. Ainsi le Roi en tenant en bride la » Royauté par de bonnes Loix, la ren» dit d'autant plus chère à ses Sujets,

» qu'il en retrancha la licence & la » terreur (*a*) ».

Il est rare qu'un Prince qui se contente d'une puissance limitée par les Loix, règne avec inquiétude ou souffre une mort tragique : comme il est rare aussi que ceux qui ne se prescrivent aucunes bornes, qui n'en veulent souffrir aucune, puissent se dérober à mille chagrins, & à une mort sanglante. L'autorité des Rois de Rome étoit fort bornée : lors de son établissement, les Rois n'avoient point celle de s'opposer aux délibérations du Sénat, & ne pouvoient faire ni la paix ni la guerre de leur chef. Ce que *Tacite* dit de *Romulus*, *nobis Romulus ad libitum imperitaverat*, ne doit s'entendre que de l'administration de la justice en qualité de Souverain Magistrat, ou peut-être de ses usurpations sur le Sénat à la fin de son régne, qu'on croit qu'il paya de sa vie.

(*a*) Optime quidem ; ea enim demum tuta est potentia quæ viribus suis modum imponit. Theopompus igitur legitimis regnum vinculis constringendo, quo longius à licentia retraxit, hoc propius ad benevolentiam civium admovit. *Val. Max.* Lib. IV. C. 1. num. 8. Ext.

Lorsque le Gouvernement est arbitraire & rigoureux, le peuple ne craint pas qu'aucun changement rende sa condition pire; tous les particuliers soupirent après une révolution, & sont capables de s'exposer à une Guerre civile, d'essuyer de nouveaux malheurs pour se délivrer de ceux qu'ils endurent & se venger de leur oppresseur. C'étoit la disposition des Romains pendant la révolte de *Sacrovir*, elle leur donnoit de la joie, & la haine qu'ils avoient pour *Tibere* leur faisoit souhaiter un bon succès à l'ennemi public; *Multi odio præsentium, & cupidine mutationis, suis quisque periculis lætabantur.* Le peuple souffre patiemment les impositions quelque grandes qu'elles soient, lorsqu'elles sont ordonnées par les Loix: il suppose que les Loix sont fondées sur la raison & sur la nécessité; mais les impôts les plus modérés lui paroissent déraisonnables & tyranniques lorsqu'ils partent du bon plaisir d'un seul homme. De-là vient l'obéissance d'un peuple libre quoique chargé de taxe; & de cette soumission vient la sureté de ses Magistrats. C'est la Liberté qui est la source de l'industrie, de l'abondance, l'abondance, & par conséquent de la tranquillité d'un Pays : à cause que l'industrie & l'opulence ne désirent rien tant que la paix & la sureté de la possession : au lieu que le peuple voyant que les taxes sont imposées selon la fantaisie ou l'avarice d'un seul homme, craint avec raison, que plus il amassera du bien, plus il sera extorsionné : cette idée le fait tomber dans la paresse, le murmure & le découragement, il aime mieux vivre pauvre dans l'oisiveté, que de travailler pour enrichir l'exacteur. Sans parler du Gouvernement des Souverains de l'Orient, dont la violence fait périr les Arts & l'Industrie, le Comte de *Boulainvilliers* dit dans son *Etat de la France*, qu'en certaines Provinces du Royaume, le terroir est communément en friche ; que le Commerce y a cessé, & que certaines Manufactures y sont abandonnées à cause que la rigueur des impositions fait échouer le travail du Laboureur, l'industrie & l'application de l'Artisan : ces pauvres gens aiment mieux souffrir la faim sans rien faire, que de travailler & souffrir la faim.

SECTION VI.

Combien la condition d'un Etat libre est préférable à la condition de ceux qui sont gouvernés despotiquement.

AUCUN Prince absolu n'auroit pu lever des Etats de Hollande la cinquiéme partie de ce qu'ils ont payé à leurs Magistrats quand ils sont devenus libres, il n'auroit su où trouver le fonds pour lever de si grandes sommes; j'ose dire la même chose de l'Angleterre. Sous une Monarchie gouvernée selon le plan de Jacques II. auroit-il été possible de soûtenir deux Guerres si longues & d'une si grande dépense ? auroit-on pu lever les sommes immenses qu'il a fallu pour les soûtenir ? Il faudroit être insensé pour le croire. Un Gouvernement tel que j'ai dit, auroit obligé un grand peuple de quitter le pays, le terroir auroit été sans culture, les Manufactures négligées & le Commerce seroit tombé; notre opulence se seroit évanouïe, & l'Angleterre auroit été réduite à la condition de la France, comme notre Gouvernement auroit ressemblé au sien : la même raison qui a fait déchoir cette derniére Monarchie auroit fait déchoir la nôtre.

Le raisonnement qu'on fonde sur l'expérience & sur les exemples est le meilleur de tous ; *quia pauci prudentia, honesta ab deterioribus, utilia ab noxiis discernunt, plures aliorum eventis docentur.* Comparez un Etat libre quel qu'il soit, avec un autre privé de cet avantage : comparez la condition présente d'un Etat qui a été libre à celle où il se trouve à présent, ou bien celle d'un Etat autrefois dans l'esclavage, & qui a recouvré sa Liberté : comparez l'Angleterre avec la France ; la Hollande avec le Dannemarck ; ou les sept Provinces-Unies sous le Gouvernement des Etats, aux mêmes Provinces sous la domination d'Espagne ; vous trouverez dans ces exemples & dans bien d'autres, que le bonheur & l'infortune sont des accessoires inévitables, le premier de la Liberté & l'autre de l'Esclavage.

Florence étoit au commencement une République dont la constitution n'étoit pas bien entendue ; ainsi elle étoit sujette à des troubles fréquens, à des factions & à des partis : cependant, par le bonheur & par la force de la Liberté, le peuple y étoit nombreux, le Commerce & l'Art militaire y florissoient, jusqu'au tems qu'elle perdit avec la Liberté toute sa vigueur, & son opulence ; qu'elle tomba dans la langueur sous la domination d'un petit Prince qui porte un grand nom. Elle a été guérie, il est vrai, de toutes ses boutades, & de toutes ses émeutes par un remède immanquable, la servitude, la misére qui en est le fruit, & la désertion d'une grande partie de ses habitans qui ne manque jamais de suivre les deux premiers maux : *Instrumenta Servitutis & Reges habuere.* Tous les argumens qu'on peut faire en faveur du pouvoir absolu, sont réfutés par les faits. Jamais aucun Pays gouverné par la volonté d'un seul n'a été bien gouverné : la passion gouverne la volonté, qui devient elle-même la mesure du droit, du tort, de toutes choses ; & le caprice tient la balance de la volonté. Je ne sai même si l'on ne pourroit pas soûtenir qu'un Etat libre le plus mal réglé, tel que l'étoit celui de *Florence*, eſt, malgré tous ſes déſordres, ſes factions & ſes tumultes, préférable au Gouvernement Monarchique abſolu, quelque tranquille qu'il puiſſe être : *Solitudinem faciunt, pacem vocant.*

SECTION VII.

De l'état malheureux & plein de dangers où les Céſars *étoient réduits par leur pouvoir exceſſif.*

LES Empereurs Romains qui avoient ſacrifié leur patrie & toutes choſes ſans exception à leur autorité ſuprême, n'en furent ni mieux ni plus en ſureté pour s'être rendus Monarques abſolus. A compter depuis *Jules Céſar* qui avoit éteint la Liberté publique, & qui fut immolé aux *manes* de cette Liberté, juſqu'à *Charlemagne*, plus de trente de ces Empereurs périrent de mort violente, & quatre d'entre eux ſe donnerent la mort eux-mêmes : la Soldateſque diſpoſoit d'eux à ſa fantaiſie, & les faiſoit mourir pour le moindre mécontentement. Si le

Prince étoit choisi par le Sénat, cela suffisoit pour obliger l'Armée à se défaire de lui, ce qui arrivoit encore quand les Armées l'avoient nommé elles-mêmes. Ce furent les Soldats qui expédierent de cette façon l'Empereur *Pertinax*, qu'ils avoient forcé d'accepter l'Empire. Ces orgueilleux Souverains, après avoir mis sous leurs pieds le Sénat, le Peuple & les Loix, qui sont les meilleures colomnes d'un pouvoir légitime; tenoient leur Sceptre & leur vie de la bonté des Soldats qui s'étoient rendus leurs maîtres; & celui qui gouvernoit l'Univers, devenoit ainsi l'Esclave de ceux qui étoient à sa solde.

Quoiqu'*Auguste* eût régné assez longtems pour énerver ou pour éteindre toutes les maximes de la Liberté, pour introduire & pour établir toutes celles de la Monarchie absolue; *Tibere* qui lui succéda immédiatement se croyoit si peu en sûreté, qu'il fut tout le reste de sa vie dominé par ses frayeurs. En mettant tous les hommes dans ses fers, il n'avoit pu se rendre libre, & l'or de ses chaînes faisoit la seule différence entre lui & les autres Esclaves. Voilà ce que les Princes gagnent en se mettant au-dessus des Loix. Ceux qui ne se contentent pas de régner légitimement, & qui veulent se faire craindre de tous les hommes, sont réduits à les craindre tous. C'est le cas de *Tibere*, les fréquentes victimes qu'il immoloit à ses frayeurs ne faisoient que les augmenter : ces sacrifices multipliant le nombre de ses ennemis, comme cela doit arriver nécessairement.

Il redouta premiérement *Agrippa Posthumus*, & le fit tuer ; ce meurtre n'assura point son repos de ce côté-là, car un Esclave de ce Prince prit le nom d'Agrippa, & causa plus d'allarmes à *Tibere*, qu'*Agrippa* n'avoit fait lui-même. *Tibere* craignit encore *Germanicus*, & après la mort de cet illustre personnage, qu'on soupçonna n'être pas naturelle, il craignit *Agrippine* sa veuve, & ses enfans en bas âge. Il les éloigna, & les opprima d'une maniére tout-à-fait perfide & dénaturée. Il fut après cela exposé à une nouvelle terreur de la part de *Sejan*, la plus grande & la plus juste de toutes : elle ne cessa point après l'exécution de *Sejan* ; de sorte qu'il fit périr par le fer toute la famille de ce redoutable Favori, tous ses amis & tous ses adhérens. Ses terreurs ne finirent point pour tout cela, il fit mourir cruellement ses propres petits fils, enfans de *Germanicus*; les rigueurs de l'exil & de la prison qu'ils essuyoient ne suffisoient pas pour le rassurer; & lorsque la famille de *Germanicus* fut éteinte, il eut encore à craindre les amis & les partisans de cette Maison, ils devinrent tout de suite les objets d'une vengeance qu'il déploya avec beaucoup de férocité. Il craignoit extrêmement sa propre mere, & quand elle ne fut plus, il déchaîna sa fureur contre les Favoris & les créatures de cette Princesse.

Après toutes ces précautions, après tant de sang répandu, les soupçons de *Tibere* furent-ils calmés? Tant s'en faut, ils furent aiguisés & enflammés; *irritatus suppliciis*. Il étoit dans de continuelles apprehensions des Principaux du Sénat, il en sacrifioit journellement quelques-uns: leurs richesses, leur naissance, leur pauvreté même, leur nom, & leurs talens, tout lui inspiroit de la crainte, il craignoit ses amis & ses ennemis, ceux qu'il appelloit à son Conseil, ou à ses plaisirs: ses Confidens, & ses Conseillers, furent tous les victimes de sa jalousie & de sa rage. Il craignoit si fort les gens de mérite, avoit tant de répugnance à leur confier des emplois qui les rendissent considérables, que quelques-uns à qui il avoit donné des Gouvernemens de Province n'eurent jamais la permission d'y aller, & plusieurs grandes Provinces furent plusieurs années sans Gouverneur. Quoi qu'il craignît sur toutes choses, les émeutes & les révolutions, *nihil æque Tiberium anxium habebat quam ne composita turbarentur*; il aima pourtant mieux souffrir la perte & le ravage des Provinces, & les invasions de l'ennemi, que de confier à qui que ce fût, le pouvoir de venger les insultes faites à l'Etat, & de repousser l'ennemi. Il souffrit ainsi que les Parthes s'emparassent de l'Arménie, que les Daces & les autres Barbares se rendissent les maîtres de la Mœsie, & que les deux Gaules fussent ravagées par les Germains : *Magno dedecore imperii nec minore discrimine*, dit *Suétone*.

SECTION VIII.

Portrait des ennuis & des horreurs que Tibere *endura pendant le cours de son régne.*

QUEL plaisir, quelle tranquillité *Tibere* recueilloit-il de son énorme puissance ? Cela l'exemptoit-il d'inquiétude, toute la force, toute la terreur de son autorité pouvoient-elles écarter ses appréhensions ? Ses Armées nombreuses étoient-elles capables de le mettre à couvert de cet ennemi domestique ? Ses Gardes Prétoriennes le faisoient-elles dormir plus tranquillement ; les rochers de Caprées qu'il étoit si difficile d'aborder, pouvoient-ils le garantir des chagrins qui l'avoient obsédé à Rome & sur le Continent de l'Italie ? Pour tout dire, malgré l'éclat de son pouvoir, sa Politique exquise & tous ses Gardes, n'étoit-il pas le plus misérable mortel qui vécut dans toute l'étendue de son Empire ? Les simples Particuliers ont certaines choses, &

certaines personnes à craindre; *Tibere* craignoit toutes choses & tous les hommes. Si sa puissance n'avoit point de bornes, sa misére en avoit encore moins: plus il faisoit souffrir les autres, plus il multiplioit ses propres souffrances. Il avouoit lui-même que toute la colere des Dieux ne pouvoit le condamner à de plus terribles tourmens, & qu'il ressentoit les horreurs de la mort à chaque instant de sa vie.

Figurons-nous ce grand Prince, ce Souverain de Rome, craignant d'heure en heure le fer des assassins; attendant avec inquiétude les nouvelles de la révolte des Armées; la création d'un nouvel Empereur, & sa propre déposition. Imaginons-nous de le voir à la cime d'un roc en sentinelle, le cœur rongé par les mauvais présages, l'œil ouvert & attentif sur les signaux du Continent pour apprendre s'il devoit s'enfuir ou demeurer pour sauver sa vie; voyons-le à chaque moment prêt à s'abandonner à la fureur de la Mer, pour aller chercher un asyle; voyons-le après une conspiration découverte & étouffée, se cacher neuf mois de suite dans une hutte, si dominé par la crainte, qu'il n'osoit aller prendre l'air dans son séjour chéri de Caprées, quelque fortifiée que fût cette Isle par ses rochers, & quelque nombre de Gardes dont elle fût entourée : Enfin *Tibere* craignoit tout excepté de faire le mal, seule cause de ses craintes. Telle étoit sa situation, & tel est le bonheur d'une puissance illégitime ! „ Ni tout le pouvoir de „ l'Empire, ni une solitude inaccessible „ ne pouvoient donner du repos à *Ti-* „ *bere*; l'affranchir des tourmens secrets „ dont il étoit réduit à confesser la vio- „ lence ; & le tirer de la persécution des „ Furies vengeresses dont il étoit pour- „ suivi „. Sa mort fut violente & tragique, comme son régne l'avoit été.

SECTION IX.

Impression dangereuse que fait sur l'esprit des Princes un pouvoir illimité : combien cela change leur caractére.

TIBERE étoit naturellement homme de mérite, il avoit des talens, l'esprit des affaires, & une grande expérience dans l'Art militaire. Si la République eût été sur pied, il auroit rempli dignement les fonctions de Sénateur, & les premiers emplois de l'Etat : il auroit pu même être jaloux pour la Liberté publique. Lorsqu'il étoit Sujet sous *Auguste*, il se fit un nom considérable, & acquit une réputation, qu'il auroit conservée apparemment ; car il avoit assez d'habileté pour cacher ou pour étouffer ses mauvaises qualités naturelles. Dans la condition de Sujet, il se seroit vû heureux, estimé, peut-être admiré, & auroit laissé une belle réputation après sa mort. Le malheur de sa patrie & le sien propre le revêtirent d'un pouvoir arbitraire ; il lâcha la bride à ses passions ; & le même homme qui auroit été un Membre utile de la Société dans un Etat libre, devint un Prince malfaisant & inexorable ; un Tyran dénaturé pour son propre sang, sans égards ni amitié pour les peuples, & possédé d'une haine implacable contre le Sénat & la Noblesse. Il avoit cet avantage qu'il ne se laissoit point abuser par la flatterie ; il étoit convaincu que quelque soumission que l'on montrât au dehors, quoiqu'on se prosternât à ses pieds, le joug de la Souveraineté étoit insupportable aux Romains ; & il cherchoit à se venger sur eux de la haine qu'ils avoient pour son usurpation. Ses cruautés le firent devenir encore plus odieux, & cela le rendit si furieux, que renonçant à toute honte, & aux artifices de la dissimulation en quoi il excelloit, il agit en ennemi déclaré du peuple, s'abandonna à tous les traits de cruauté imaginables, à toute sorte d'abominations, à l'avarice même & à la rapine, à quoi pendant long-tems il ne paroissoit avoir aucun penchant.

Après cet exemple, que ne doit-on pas craindre du pouvoir absolu ; à qui pourra-t-on le confier quand on voit que *Tibere* doué de si beaux talens & d'une expérience consommée, en fut si fort enyvré & perverti ? La Souveraineté absolue est un poste trop éminent pour une créature humaine ; elle ne convient qu'à Dieu qui est immuable, non sujet à l'orage des passions, exempt d'erreur, & à qui tout est présent. Il y a peu d'exemples de Princes que l'autorité arbitraire n'ait pas corrompus & ensorcelés : plusieurs, dont on concevoit de grandes espérances, se sont abâtardis visiblement par-là. Quand les hommes se sont mis au dessus de la crainte du châtiment, ils se mettent bientôt au dessus de la honte. L'esprit & les talens des hommes ont des bornes, leurs passions & leur vanité n'en ont point : ainsi peu d'entre eux peuvent être parfaitement bons, & plusieurs deviennent extrêmement mauvais. Ils prennent une grande fortune pour un grand mérite, & élevent l'idée qu'ils ont d'eux-mêmes aussi haut que la fortune les a élevés. Tout le monde croyoit *Galba* digne de l'Empire : cette opinion auroit duré si l'expérience ne l'avoit démentie. Avant *Vespasien* on n'avoit point eu d'exemple d'un Empereur que la Souveraine puissance eût changé en mieux : *Solusque omnium ante se principum in melius mutatus est.*

SECTION X.

Exemples des mortelles frayeurs attachées au pouvoir arbitraire tirés de Caligula, *& des autres Empereurs Romains.*

TIBERE n'a pas été le seul Potentat sujet aux craintes, & aux accablemens d'esprit qui accompagnent l'autorité Souveraine. Ses Successeurs les ressentirent à leur tour autant que lui, de même que ceux qui suivirent ses maximes de Gouvernement. *Caligula* étoit si tourmenté de ses remords, & son imagination étoit si frappée de crainte, qu'il en perdit presque tout-à-fait le sommeil ; il alodoit ordinairement pendant la nuit autour du Palais, effrayé par les ténébres ; soupirant après le retour du Soleil, sur l'alarme que causerent les nouvelles de Germanie, il se disposa à fuir de Rome, &

& gardoit précieusement des poisons exquis pour y avoir recours en cas de besoin. *Claude* fut à peine un seul moment dans le cours de son régne, exempt de frayeurs & de soupçons; l'accident le plus commun, le moindre homme, la moindre femme, un esclave, un enfant, tout le jettoit dans l'épouvante, & lui faisoit prendre des précautions sanguinaires. Il lui est arrivé souvent de vouloir abandonner le Thrône, & d'aller se réfugier dans quelque solitude. La vûe d'un poignard l'obligea une fois de convoquer le Sénat avec beaucoup de diligence, & là cet infortuné Tyran versa un torrent de larmes, & déplora sa misérable condition, de ce qu'il étoit investi par des dangers continuels. Toute sa vie étoit agitée par les frayeurs que lui causoient ses femmes & ses affranchis; ces frayeurs le portoient à commettre des cruautés énormes à proportion de sa timidité, de l'ambition, de l'humeur vindicative & de l'avidité des personnes qui l'obsédoient. Les craintes & les remords de *Neron* le poursuivirent par-tout; quelquefois avec tant de violence, qu'il en trembloit par tout le corps. Il craignoit les manes de sa mere autant qu'il en avoit redouté l'esprit pendant sa vie. Il se plaignoit tristement que les Furies le poursuivoient armées de fouets, de torches ardentes & de toute leur rage; & que les cris & les gémissemens qui sortoient du tombeau de sa mere troubloient son repos. A quoi pouvoit s'attendre *Héliogabale* lorsqu'il étoit toujours muni d'un cordon de soye, & d'un poignard d'or: expédiens qu'il avoit imaginés pour échapper à une mort donnée par une main ennemie? Ce fut pour le même effet que *Caracalla* s'étoit pourvû d'un grand nombre de poisons. Ce Parricide barbare se plaignoit souvent que l'ame de son pere & de son frere qu'il avoit poignardés, lui donnoient de la terreur en le poursuivant l'épée à la main. C'étoit ainsi que ces hommes de sang étoient tourmentés par l'horreur, & les remords de leurs crimes & de leur infamie, leurs plus cruels bourreaux. A quoi leur servoient leur pouvoir & leurs Armées, contre leurs propres allarmes; tous leurs titres, toute leur autorité, pouvoient-ils écarter leurs réflexions affligeantes, les affranchir du trouble de leur conscience, & du ver qui leur rongeoit le cœur?

SECTION XI.

De ce qui fait la sureté & la vraie gloire d'un Souverain; & d'où vient que le Prince & le Peuple aliennent les esprits l'un de l'autre.

SUR quoi donc le Prince doit-il s'appuyer pour la sureté de sa personne, & le repos de son esprit ? Voici l'opinion d'un grand & bon Prince, *Marc Antonin*, il la prononça peu de tems avant sa mort, en présence de ses amis & de ceux de son Conseil. „ Il est certain, dit-il, „ que ce ne sont point les grands revenus „ & les Thrésors, ni la multitude des „ Gardes qui font la grandeur d'un Prin- „ ce, & qui lui assurent l'obéissance de „ ses Sujets, si le zèle & l'affection des „ peuples ne concourent avec l'obéissan- „ ce qu'ils lui doivent. Celui-là certaine- „ ment peut régner long-tems avec su- „ reté, qui fait sur ses peuples des im- „ pressions d'amour & de bienveillance, „ & non de terreur par des traits de

» cruauté ». Il ajouta » qu'un Prince n'a » rien à craindre de ses peuples, tandis » que leur obéissance vient de leur incli- » nation, & non de la servitude de la » contrainte; & que les Sujets seront » toujours obéissans tandis qu'on ne les » traitera pas injustement & avec ou- » trage ». *Voyez Herodien dans la Vie de Marc Antonin.*

Un Prince qui ne veut faire aucun mal ne recherche point la puissance d'en faire; celui qui la recherche sera toujours soupçonné avec justice de ne vouloir faire aucun bien. Le seul moyen d'éloigner ce soupçon est d'agir par les régles connues de la Loi. Celui qui gouverne par la Loi gouverne avec le consentement des Peuples, & ainsi n'en sauroit être blâmé : Il peut arriver quelquefois que ce frein empêche le Prince de faire du bien, mais assurément il retient celui qui est mauvais de faire du mal. Un Prince absolu qui peut faire tout ce qu'il veut est toujours cru capable de vouloir faire tout ce qu'il peut; le Peuple s'en défie, & cet ombrage cause l'indignation du Prince, source intarissable de défiances & d'inquiétudes de part & d'autre.

Le Peuple s'attend à quelque complaisance de la part du Souverain, il veut qu'on ait des égards pour ses sentimens, & pour ses inclinations, tandis que le Prince s'imagine peut-être, qu'ils n'ont aucun droit de juger des affaires de l'Etat, ni de lui en demander aucun compte. Il exige au contraire une obéissance aveugle & respectueuse à son autorité, à sa conduite & à son habileté supérieures. Il veut que tout ce qu'il fait, tout ce qu'il dit, passe pour juste, ait force de Loi, & que sa personne soit regardée comme inviolable, & au-dessus des Loix. Si la conduite de ses Sujets ne s'accommode pas à ces idées de Souveraineté & à la haute opinion qu'il a de lui-même, il croira, ou bien un flatteur le lui mettra dans la tête : *Spretam voluntatem Principis, descivisse populum : quid reliquum nisi ut caperent ferrum ?* » que » son autorité Royale a été méprisée, » que les Sujets se sont révoltés : que » leur reste-t il de plus qu'à prendre les » armes ? » Le Souverain dont l'esprit est aigri fait éclater son courroux, & exerce des rigueurs effectives contre des crimes imaginaires. Un mal ne vient jamais seul ;

la sévérité avec laquelle il traite ses Sujets excite leur ressentiment ; ils murmurent, se plaignent hautement ; & le Prince cherche à s'en venger. Lorsque les traits de sa vengeance sont devenus publics, ce qui arrive toujours, ils ne manquent pas d'être suivis de beaucoup d'autres, c'est le train ordinaire des choses. L'affection & la confiance sont perdues sans retour : la haine devient réciproque : le Roi & les Peuples ne se considérent plus sur le pied de Supérieur & de Sujets, mais comme des ennemis déclarés. C'étoit sans doute la cause qui faisoit former à *Caligula* ce souhait barbare que le Peuple Romain n'eût qu'une tête qu'il pût abbattre d'un seul coup. Il est aisé de voir les conséquences de tout cela ; le Prince détruit continuellement les Sujets, eux de leur côté souhaitent avec ardeur de le voir périr.

SECTION XII.

Combien il importe au Prince d'être aimé & estimé de ses Sujets. Terribles conséquences de leur défiance & de leur haine mutuelles.

UN Prince ne doit pas ignorer combien il est avantageux de conserver la bonne opinion que les Peuples ont conçue de lui : il est impossible d'en réparer la perte. Lorsqu'ils commencent une fois à concevoir une mauvaise opinion de leur Souverain, il n'est point de mal ensuite qu'ils n'en croyent. *Tibere* peut nous en fournir l'exemple ; combien de choses horribles & incroyables n'en a-t-on pas publié ? Il est presque impossible à un homme, quelque mérite réel & reconnu qu'il ait, de conserver long-tems la faveur du Peuple. Mille choses peuvent arriver capables d'aigrir l'esprit de la populace. Un mérite nouveau plus brillant, peut diminuer l'admiration de celui qu'on a accoutumé de voir, &

peut-être l'effacer ; la même personne peut manquer d'occasions de faire plaisir au peuple. Il faut par conséquent un grand soin & une conduite très-sage pour conserver cette estime jusqu'à un certain degré ; & c'est seulement par une excellente conduite qu'on peut en venir à bout. Cela regarde un Particulier ; mais quand un Prince a perdu sa réputation dans l'esprit de ses Sujets, cela va bien plus loin, & les conséquences en peuvent être funestes. A l'égard d'un Souverain perdre l'estime des Peuples, & encourir leur haine, c'est presque la même chose. Il n'y a point à cela de milieu ; s'il y en a, on peut dire que le mépris ne vaut guères mieux que la haine, & que ces deux choses vont presque toujours ensemble.

Un Prince souhaite-t-il de vivre tranquillement & de conserver son crédit ? Qu'il suive une régle sûre & invariable, qui est celle des Loix ; qu'il ne prenne que ce qui lui est dû. Plusieurs Souverains à force de vouloir tout avoir ont tout perdu : la Couronne leur est tombée de la tête à cause qu'ils l'ont chargée d'ornemens faux & odieux

odieux que leur fournissoient leur caprice & leur imprudence. Lorsqu'ils ont voulu user d'un pouvoir illégitime, l'autorité même que leur donne la Loi leur a été arrachée. Ils apprennent à leurs Sujets à usurper ce qui ne leur appartient point, à commettre des violences pour la défense des Loix que le Prince viole; à se faire juges dans leur propre cause, & à consacrer tout ce qu'ils obtiennent par force. Plutôt que de se soumettre à des conditions onéreuses, le peuple en impose lui-même, & se persuade qu'il n'est point obligé d'être fidèle à qui lui manque de foi. Qui n'aimeroit mieux un don gratuit qu'un pillage? C'est la différence qu'il y a entre l'autorité conférée & la puissance usurpée. Quelles sont les nouvelles prérogatives acquises à la Couronne; quelle est l'augmentation des revenus, capables de dédommager un Souverain de la perte du cœur de ses Sujets qu'il a aigris & aliénés? Nous avons vû plus haut dans quelles horreurs, dans quel désespoir les *Césars* se trouvoient lorsqu'ils exerçoient une puissance sans bornes. *Machiavel* dit que lorsqu'un Prince a une fois encouru la haine publique, il n'est rien qu'il ne doive craindre.

Celui qui ne fait point de mal n'en craint point, mais ceux qui sont une source continuelle de terreurs & de calamités pour les autres, ont beaucoup de raison d'être dans des craintes continuelles pour eux-mêmes. Combien plus est désirable la condition d'un Prince, qui règle sa vie & son Gouvernement par les Loix ? Il les exerce sur un Peuple libre, & ses Sujets y donnent leur consentement. Les Loix & les Sujets sont ses Gardes, & ce qui les met en sureté, y met aussi le Souverain. Il connoît qu'il est aimé des peuples, & il est convaincu qu'il mérite leur affection. C'est là le vrai Gouvernement & ce sont-là ses effets. Ce n'est pas l'orgueil & l'extravagance, ni les insultes triomphantes d'un seul homme sur des Peuples entiers, ni par conséquent leur défiance, leur aversion, & une crainte servile de leur part. C'est plutôt une administration puisée dans le droit & dans l'équité dont les Principes sont éternels, puisée dans les Loix établies, & dans la probité. Que ce soit un commerce perpétuel de confiance entre le Prince & ses Sujets : qu'on voye d'un côté les soins & la protection d'un pere, & de l'autre, le respect & la reconnoissance qu'un pere a droit d'exiger de ses enfans. Quel plaisir pour une ame bien faite & généreuse, de faire le bonheur & la consolation de tout un Peuple, & de voir que tout un Peuple le comble de bénédictions! Quel maître d'Esclaves avec une autorité sans bornes, peut se glorifier de ce bonheur? La grandeur d'un tel Prince n'est qu'une grandeur en peinture, il n'est jamais en sureté parce que son règne n'est pas innocent, & il n'est pas innocent parce qu'il opprime ses Sujets.

N'avoir en gouvernant d'autre règle que sa volonté, c'est régner par violence; & en user ainsi c'est faire la guerre. Celui qui devient l'ennemi de ses Sujets, les rend réciproquement ses ennemis. C'est ce qui arriva au feu Roi *Jacques II*, qui ne pouvant se fier aux Loix qu'il avoit violées, ni à ses Sujets qu'il avoit opprimés, se mit en état de leur faire la Guerre : de sorte que lorsqu'ils prirent les armes contre lui, ils ne firent que se tenir sur la défensive. Ils n'attaquoient point le Roi, qui s'étoit engagé par serment de gouverner selon les Loix; mais le Roi qui jouant un rolle tout différent vouloit, malgré ses sermens & les Loix, exercer la Tyrannie, & dépouiller les Peuples de leurs biens & de leurs priviléges. Les Peuples de leur côté dégagés de leur serment de fidélité, opposerent la force à la force contre leur ennemi & leur destructeur. Je ne connois aucun Peuple qui ait déposé son Roi par un pur caprice; s'ils l'ont fait pour se garantir de l'oppression, l'oppresseur doit s'en prendre à lui-même: *Quidam postquam Regum pertæsum leges maluerunt.* Si *Jacques* avoit remporté l'avantage sur ses Sujets, qu'auroit-il gagné à cela que la détestable gloire d'un Oppresseur triomphant? Il auroit vû un riche Pays que la servitude auroit fait tomber dans la pauvreté, & se seroit vû lui-même chargé des malédictions d'un Peuple libre opprimé. Quand on voit l'état déplorable où se trouve un Royaume voisin, naturellement un des plus beaux Pays de l'Europe; quand on en voit les habitans dans la misère, l'abbatement, & la nudité, on peut connoître quelle est la gloire que ses Rois ont recueillie en réduisant toutes les Loix de la Monarchie à une seule, savoir, le Bon-plaisir, & l'autorité Royale.

SECTION XIII.

Que la sureté du Bonheur public réside dans le maintien invariable des Loix.

IL faut convenir qu'entre un grand nombre d'Empereurs Romains, il y en eut quelques-uns d'un caractère estimable : mais c'étoit un pur hazard, ils auroient pû être aussi méchans que les autres qui l'étoient au dernier point. Rien ne les retenoit que leur penchant naturel ; & c'est une chose tout-à-fait contre le bon ordre que la sureté & le bonheur de tout un Peuple ne soient fondés que sur une inclination & une volonté qu'on ne sauroit prévoir. Ces Empereurs étoient bons parce qu'ils se conformoient aux Loix, & les Loix sont les seules barriéres qu'on puisse opposer à ceux qui sont méchans : ceux qui l'étoient avoient fait de l'Empire un vrai cahos, avant qu'il vînt un bon Prince qui eût assez d'habileté & de vertu pour le débrouiller. La confusion & le désordre étoient tels que *Ves-*

pasien déclara qu'il étoit absolument nécessaire de faire un fonds de plus de six cens millions de Pistoles monnoie de France, ou trois cens millions de livres Sterling, pour garantir l'Etat d'une ruine irréparable : *Ut Respublica stare possit.* Après la mort de *Domitien* il y eut cinq règnes, durant lesquels les Loix & la probité étoient en vigueur, & les Empereurs ne s'attribuoient ni autorité ni argent, qu'autant que les Loix établies depuis long-tems leur en accordoient. Ils se piquoient de faire venir tout de la Loi, & de ne rien faire en leur propre nom. Mais l'Empereur pouvoit être un Tyran s'il eût voulu, ainsi *Commode*, ce Prince brutal & féroce, reprit l'ancien train de la Tyrannie & de la violence, & devenant un second *Caligula*, il détourna ou dissipa en peu d'années tous les Thrésors & les fonds que la sage précaution des Empereurs précédens avoient amassés avec de grands soins pendant près d'un siécle.

Pour conclure mon raisonnement, si les Princes n'empiétoient rien sur leurs Sujets, les Sujets ne feroient point de rebellions, & si les premiers savoient qu'ils peuvent trouver de la résistance, ils n'usurperoient rien. Chaque Particulier sait que s'il contrevient à la Loi, il sera puni par la Loi. C'est un malheur égal pour le Souverain & pour les Peuples, d'établir des principes de servitude; on n'y doit faire aucun fondement, parce qu'il est naturel dans l'oppression de renoncer à l'obéissance passive. Enseigner qu'il est juste de combattre pour les Loix violées, ce n'est dire autre chose sinon qu'il n'est pas permis de violer les Loix, & elles seront violées infailliblement s'il n'y a point de peine attachée à leur infraction. Le moindre attentat contre la Liberté publique doit jetter l'allarme parmi les Sujets: s'ils en endurent un seul on ne manquera pas d'y revenir: les actes réitérés forment l'habitude, & l'habitude se prévaut du droit de prescription. Telle est la nature de l'homme que lorsque les affaires publiques sont une fois dérangées, il est presque impossible de les remettre dans leur premier état. Un grand nombre de personnes se trouvant engagées dans la corruption, ont intérêt de la soûtenir, à quoi ils ne manquent pas d'employer toute sorte d'artifices & tout leur crédit ; & lorsque les abus sont généralement répandus, le Souverain manque rarement d'en embrasser la protection. Quand même il voudroit s'y opposer & les réformer, le torrent de la corruption auroit assez de force pour l'entraîner. Combien de grands hommes pleins de vertu & de probité ont échoué dans le dessein de rétablir l'Etat ? L'entreprise de réformer la Soldatesque, le Clergé, ou l'administration des affaires du public, a été souvent funeste à ses Auteurs ; il est bien plus aisé d'aller au-devant du mal, que d'y remédier quand il s'est une fois enraciné.

CINQUIÉME DISCOURS,

De l'ancienne Loi *de Majestate*, étendue & pervertie par les Empereurs Romains.

SECTION I.

De l'ancien but de la Loi : raisons de Politique qui obligerent Auguste *à lui donner de l'étendue.*

JE vais maintenant montrer les moyens & les artifices dont la Tyrannie se servit pour se soûtenir & s'étendre : la corruption des Loix anciennes, sur-tout celle *de Majestate* ; & j'expliquerai ce que *Tacite* nomme *Instrumenta regni.* » Cette » Loi, dit-il, au tems de nos ancêtres, » avoit à la vérité le même nom ; elle » renfermoit diverses accusations, & di-

„ vers crimes, nommément les crimes „ d'Etat ; comme lorsqu'une Armée avoit „ été abandonnée par trahison dans le „ Pays ennemi ; si l'on avoit excité des „ séditions dans la Ville ; enfin si les af- „ faires publiques étoient administrées „ infidélement, & si la Majesté du nom „ Romain étoit avilie : c'étoient les ac- „ tions qui étoient punies ; les paroles ne „ l'étoient point. *Auguste* fut le premier „ qui mit les Libelles diffamatoires au „ nombre des crimes compris dans cette „ Loi dont il détourna le sens „ (*a*).

C'étoit dans ce sens de la Loi qui, sans doute, est le véritable, que les Empereurs étoient coupables ; eux qui avoient mis le Sénat & le Peuple dans les fers ; qui avoient usurpé & détruit le Gouvernement : mais en même tems ils avoient acquis le pouvoir d'interpréter les Loix, ou de diriger ceux qui en expliquoient le

(*a*) Legem Majestatis reduxerat (*Tiberius*) ; cui nomen apud veteres idem, sed alia in judicium veniebant : si quis proditione exercitum, aut plebem seditionibus, denique male gesta Repub. Majestatem Populi Romani minuisset. Facta arguebantur, dicta impune erant. Primus Augustus cognitionem de famosis libellis, specie legis ejus tractavit. *Ann. Lib. I. Cap. 72.*

ſens : ils étoient par conſéquent devenus les Légiſlateurs. L'obſervation exacte des Loix avoit défendu la Liberté, & l'explication forcée de ces mêmes Loix mettoit à couvert les Uſurpateurs. L'ancienne Loi fut corrompue & pervertie au point de ſoumettre à des peines les Auteurs des vers ſatyriques, & des libelles. On abuſa ſi fort de cette Loi *de Majeſtate*, il ſe fit tant d'injuſtices, & il ſe répandit tant de ſang, au moyen des ſens forcés qu'on lui donnoit ſous les Empereurs ſuivans, que toute ſentence ou punition prononcée en conſéquence de cette Loi, étoit regardée comme injuſte & cruelle : l'horreur que l'on conçut contre une Loi fauſſement & malignement interprétée, fit périr quantité de bonnes Loix. La réputation eſt ſans doute une choſe fort délicate, & doit être auſſi inviolable que les biens ou la vie. Ceux qui attaquent l'honneur d'une perſonne, qui la noirciſſent, ſont auſſi criminels que ceux qui volent; il n'y avoit pourtant pas moyen de faire de cela un crime d'Etat, ſi l'on n'établiſſoit que c'en étoit un contre le public. On peut être aſſuré qu'*Auguſte* n'avoit d'autre vûe en cela que d'ôter au Peuple la Liberté de parler dont il jouïssoit sous l'ancien Gouvernement, & par conséquent incompatible avec son usurpation. Lorsque les paroles étoient devenues des crimes d'Etat, on devoit être circonspect dans ses expressions, d'autant mieux que le sens qu'on y pouvoit attacher étoit arbitraire, n'ayant pas été spécifié par la Loi. Le Juge n'avoit ordinairement d'autre règle que ses soupçons, son ressentiment ou sa partialité : pour le moindre mot, pour la moindre démarche on se trouvoit enveloppé dans une accusation de crime d'Etat, pourvû qu'il y eût seulement un délateur qui voulût le qualifier ainsi.

Il ne sert de rien de dire qu'*Auguste* négligea ou pardonna quelquefois des Satyres qui le regardoient personnellement : ce n'étoit que beau semblant & fausse générosité. Il étoit bien peu apparent qu'après qu'on eut si étrangement détourné le sens de la Loi, les Satyriques voulussent exposer leur tête. Si les injures contre de simples Particuliers étoient des crimes d'Etat, à combien plus forte raison en étoit-ce un de parler mal du Prince ou de son Gouvernement. *Auguste* pourvut à ce qui le regardoit sans qu'il y parût ; il trouva un asyle dans celui que son prétendu désintéressement sembloit avoir préparé pour le public. C'étoit pourtant choquer visiblement le sens commun que de faire un crime d'Etat des traits d'une imagination échauffée, ou de quelques paroles trop libres. Celui qui divulguoit les galanteries d'une Dame de qualité, les fautes ou les foiblesses d'un Patricien, ne manquoit pas d'être accusé de former des projets contraires aux intérêts de la République. C'est ainsi que les Jurisconsultes voulurent expliquer la nature du crime d'Etat. Cependant *Auguste* lui-même avoit composé des Libelles, des Chansons obscènes & satyriques, sur-tout contre *Fulvie* femme d'*Antoine*. Les crimes d'Etat rendus nombreux par les paroles & les écrits, étoient un objet bien funeste : car outre que les accusations fréquentes de ce crime sont les boulevarts & les machines de la Tyrannie, les simples regards enfin devinrent criminels : la tristesse, la compassion, les soupirs, & le silence même.

Auguste avoit assez de ruse pour connoître combien il étoit avantageux à son règne de multiplier les crimes d'Etat : il détourna le ſens de la Loi au point de mettre l'adultère au nombre des crimes de lèſe-Majeſté. Sa fille, & la fille de ſa fille étant des abandonnées, tous leurs galans, ſelon ce Monarque débonnaire, étoient coupables de ce crime; & comme il y avoit un grand nombre de ces ſortes de criminels, qui lui donnoient de l'ombrage par leur qualité, & par leur crédit, il eut un prétexte plauſible pour s'en défaire. Il punit donc les galans de ſes filles de mort ou de banniſſement : il donna le nom terrible de crime d'Etat & de ſacrilége au commerce illégitime des deux ſexes, & foula ainſi aux pieds l'ancienne modération des Loix. Cette ſorte de crimes d'Etat n'étoit point bornée à la Maiſon régnante, au ſang des Céſars; la Loi y comprenoit tout le monde en général; & tout adultère en étoit coupable. *Auguſte* ſe rendit ainſi le plus grand criminel d'Etat qu'il y eût dans Rome, puiſqu'il en étoit le plus grand adultère. La rigueur de ſes Loix ne fut point un frein pour lui, non plus que les liens ſacrés de l'amitié; il ne s'abſtint pas même de la femme de ſon propre Favori, de ſon fidèle Conſeiller *Mécénas*. C'étoit une assez grande imprudence à un aussi grand Politique que lui, d'enfreindre journellement ses propres Loix, de commettre des crimes ausquels il avoit attaché un nom si odieux & des peines si formidables ; à moins que comme les Princes d'Italie du tems de *Machiavel*, il ne violât les Loix pour encourager les autres à le faire, leur tendre des piéges, & s'enrichir des confiscations.

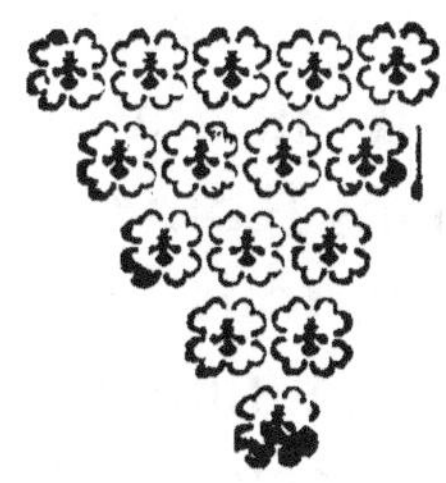

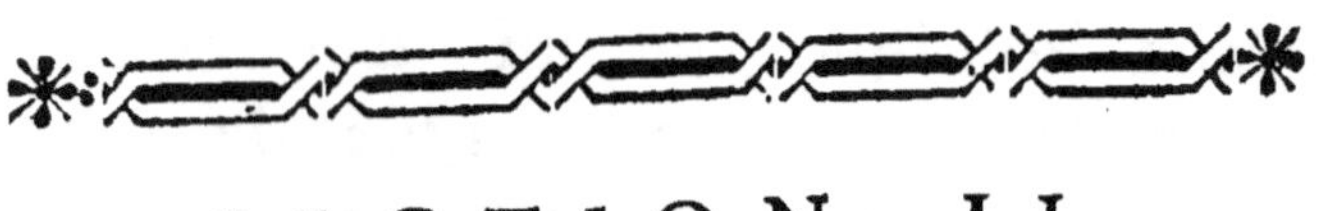

SECTION II.

De l'Apothéose des Empereurs, artifice de la Tyrannie, & piége tendu au Peuple Romain.

AUGUSTE ayant usurpé de son vivant même, les attributs & la prééminence d'une Divinité, tendit un nouveau piége aux Peuples, pour augmenter le nombre des crimes, & sa propre autorité. Tout crime commis contre ce nouveau Dieu étoit un Sacrilége; car il étoit Dieu autant qu'aucun autre qui fût adoré dans Rome, & peut-être plus redouté que tous les autres Dieux ensemble. Jurer faussement par le nom d'*Auguste*, fut un crime capital, comme si l'on avoit profané le nom de Jupiter. Ce fut un crime encore d'exposer la Statue de cet Empereur dans la vente générale d'une maison ou d'un Jardin. Les habitans de Cyzique, malgré l'attachement qu'ils avoient pour les Romains, & les fidèles services qu'ils leur avoient rendus pendant

pendant la guerre de Mithridate, furent dépouillés de leurs privilèges, pour avoir négligé le culte d'*Auguste* mis au rang des Dieux. *Apidius Merula* fut rayé du Catalogue des Sénateurs pour n'avoir pas juré par les actes d'*Auguste* déifié. Un des Articles d'accusation contre *C. Silanus* Proconsul d'Asie, étoit d'avoir manqué de respect à la Divinité d'*Auguste*. Au sentiment de *Tibere*, *Varilia* méritoit d'être condamnée en cas qu'elle eût proferé quelque blasphême contre cette Divinité. C'étoit ainsi qu'on qualifioit le moindre manquement de respect. C'étoit-là le culte qu'on rendoit à ce nouveau Dieu, c'étoit ainsi qu'on lioit la langue des hommes, & qu'on les empêchoit de le censurer pendant sa vie, & après sa mort. *Auguste* étoit *instar omnium Deorum*; on pouvoit dire tout ce qu'on vouloit des autres Dieux, mais on devoit être sur ses gardes à l'égard d'un Empereur déifié: ce nouveau Dieu pour se venger, auroit fait plus de mal, auroit commis de plus grandes oppressions & versé plus de sang humain, que tous les hommes du monde ensemble.

Ce n'étoit par aucun Principe de Superstition que *Tibere* avoit de si grands égards pour le nom & la Divinité d'*Auguste*, & qu'il les mettoit à couvert par des Loix si rigoureuses. Il faisoit fort peu de cas des Dieux, & de la Religion, croyant à une fatalité inévitable, & infatué seulement de l'Astrologie judiciaire: ce n'étoit pas non plus par aucun respect pour *Auguste*, à qui il étoit soupçonné d'avoir donné du poison pour se faire un chemin au Throne, & dont il faisoit périr chaque jour quelqu'un des descendans, ce qui ne s'accordoit pas avec les adorations & les Sacrifices qu'il affectoit de lui offrir, comme *Agrippine* le lui sut bien dire. *Tibere* ne songeoit qu'à fortifier la Superstition, & l'Esclavage du Peuple. Les respects de Religion rendus au Prince, renfermoient & assuroient l'obéissance civile. Il lui importoit de faire regarder comme sacrées toutes les Loix & toutes les actions d'*Auguste* pour s'attirer les mêmes respects. *Auguste* l'avoit nommé, disoit-il, son Successeur, il convenoit donc qu'*Auguste* passât pour un Prince d'une prudence consommée; car s'il se fût trompé dans d'autres affaires importantes, il auroit pû se tromper de même dans le choix de son Successeur. Outre cela *Auguste* étoit fort aimé du Peuple, & l'on auroit regardé comme une insulte faite au public d'avoir négligé sa mémoire, ou annullé ses Constitutions.

Néron, qui avoit acquis la suprême puissance par la mort de *Claude* qu'il avoit empoisonné, & qui pour se la conserver en avoit fait mourir les enfans & les autres parens; ne laissa pas de témoigner d'abord un grand respect pour la mémoire du défunt; de justifier son règne, & de donner de grandes louanges aux prétendus talens & à la prudence de cet imbécile déifié. Cet étrange animal, ou si l'on veut, cet homme monstrueux, ébauché seulement par la nature, comme disoit sa propre mere, ce stupide, le plus lâche & le plus sanguinaire qui ait jamais deshonoré le Diadème, incapable de s'acquitter du moindre emploi dans l'Empire, ou dans la vie privée, fut fait Empereur & même Dieu : de sorte que pour exercer la suprême puissance, & se voir élevé au rang des Dieux, il n'étoit pas nécessaire d'avoir aucune sorte de mérite. *Livie* grand'-mere de cet idiot, en avoit un mépris qui alloit jusqu'au dégoût, à peine pouvoit-elle se résoudre à lui parler. *Caligula* son neveu lorsqu'il eut égorgé un grand nombre de ses parens, épargna *Claude*, pour en faire un sujet perpétuel de moquerie & de risée, il étoit également méprisé de sa propre sœur *Livilla*, d'*Auguste*, de toute la famille, & le jouet de la Cour : *Tunc* Claudius *inter ludibria aulæ erat.* Le nom le plus doux que lui donna *Auguste* étoit celui de *Misellus*, petit malheureux.

SECTION III.

Combien les Statues des Empereurs devinrent sacrées, des maux qu'elles causerent.

LA flatterie avoit contribué à la servitude, & la servitude à son tour donna de l'étendue à la flatterie. Tout ce qui servoit à déprimer & avilir l'esprit du Peuple servoit à l'aggrandissement des Tyrans ; leurs Images, leurs Statues furent consacrées, & devinrent des objets de vénération. Le plus infâme scélérat pouvoit faire toutes les injures imaginables à un homme de mérite ; l'Esclave pouvoit insulter son Maître, le criminel pouvoit se dérober à la justice, en se réfugiant sous la Statue de l'Empereur, ou en la portant avec lui. Un Sénateur à la face du Tribunal, à la porte du Sénat, ne put point se dérober aux insultes, & aux menaces d'une femme noircie de crimes qui s'en mit à couvert de cette maniére, au moyen d'une Image de *Tibe-*

re, quoique ce Sénateur l'eût convaincue de fausseté : tant s'en faut qu'il osât la mettre en justice. Le respect impie rendu à une pierre insensible rendoit vaines les Loix, & leur protection pour les gens de bien. Cela donne de la vraisemblance à ce que *Philostrate* rapporte dans la Vie d'*Apollonius* de *Tyane*, qu'un Maître fut condamné comme un sacrilége maudit, pour avoir châtié un Esclave qui avoit par hazard sur lui une petite Médaille où étoit l'Image de *Tibere*. Tant la servitude avoit fait des progrès dès le régne même de ce second Empereur, pendant la plus douce partie de son régne : lorsqu'il gardoit encore quelques mesures & quelques égards pour les Loix & la Liberté ; qu'il avoit la retenue d'éviter les excès de la puissance & de la cruauté. La seconde année de son régne *Granius Marcellus* ayant été accusé de crime de lése-Majesté, ce fut un des Articles de l'accusation que la Statue de *Marcellus* étoit plus élevée que celle des *Cesars*, & qu'on avoit ôté la tête de la Statue d'*Auguste* pour y mettre celle de *Tibere*. Au récit de ce crime horrible l'Empereur jetta feu & flâme : oubliant sa modération & son silence ordinaires, il dit à haute voix qu'il vouloit opiner dans cette affaire sous serment. *Cneius Pison* lui répondit fort bien en ces termes : » Quelle place choisissez-vous, *Cesar*, » pour opiner ? Si vous opinez le pre» mier, j'aurai votre exemple à suivre, » si vous opinez le dernier, je crains » que mon opinion ne différe de la » vôtre ». *Tacite* dit là-dessus qu'il restoit encore quelques traces d'une Liberté mourante : *Manebant etiam tum vestigia morientis Libertatis.*

Ce n'est donc pas une chose surprenante, quoiqu'affreuse, de voir ensuite ces Statues revêtues du privilége d'une sainteté inviolable. C'étoit un crime digne de mort sans miséricorde à un Maître, de châtier son Esclave près du portrait d'*Auguste*, crime capital de changer d'habits auprès, de porter une médaille avec l'empreinte de l'Empereur, une bague avec son image à la garderobe, ou dans les lieux de débauche, crime capital de laisser échaper un mot qui semblât le moins du monde blâmer quelque chose qu'il eût faite ou qu'il eût dite. Crime digne de mort pour tout malheureux qui auroit eu l'imprudence de permettre que sa Colonie lui décernât des honneurs publics, l'anniversaire du jour qu'on les avoit décernés à *Auguste*.

Le détestable *Caligula*, ennemi déclaré du Genre-humain, gorgé de sang, & qui vit répandre le sien propre ; à l'exemple des autres Empereurs s'attribua la Divinité, en exigea tous les honneurs & le culte ; un Temple, des Autels, & des Sacrifices. On ne sauroit croire le nombre de châtimens redoutables qu'il infligea à plusieurs personnes du premier rang pour le seul crime d'avoir manqué d'invoquer son Génie Divin, lorsqu'ils prêtoient quelque serment. C'étoit un crime capital, c'en étoit un de lése-Majesté : ceux qui en étoient coupables, après avoir été déchirés de coups, étoient condamnés aux mines ou aux réparations des grands chemins, ou à être exposés aux bêtes féroces, quelques-uns à être sciés par le milieu du corps. Voilà une Divinité bien sanguinaire ; si elle avoit été toute-puissante, la race des hommes auroit été éteinte. Tous les massacres de cet enragé, tous les efforts de sa

malignité

malignité & de sa fureur n'étant pas capables d'en venir à bout, il souhaitoit que son règne fût signalé par quelque calamité générale, massacre, peste, famine, incendie, ou tremblement de terre, comme si le règne d'un pareil monstre n'en eût pas été une assez grande ! Il envioit à *Auguste* le bonheur d'avoir eu sous son règne une Armée taillée en pièces, & à *Tibere* le désastre qui arriva à *Fidenes* où cinquante mille personnes furent écrasées ou estropiées par la chute d'un Amphitéatre. Les acclamations du Peuple au Théatre ne s'accordant pas avec les siennes, il forma un souhait bien digne d'un Dieu, c'étoit » que le Peuple » Romain n'eût qu'une tête qu'il put ab» battre à une seule fois ». Pour donner le dernier coup de pinceau au portrait de ce nouveau Dieu, il se vantoit qu'entre toutes ses grandes qualités il n'y en avoit aucune dont il se glorifiât davantage que de celle de braver toute honte : *nihil majus in natura sua laudare se ac probare quam ἀδιατρεψίαν.*

Ces honneurs Divins, & ce culte étoient quelquefois rendus aux femmes des Empereurs, à leurs sœurs, à leurs concubines & à leurs enfans. *Caligula* juroit ordinairement par la Divinité de *Drusille* sa sœur & sa concubine tout ensemble. *Claude* avoit decerné les honneurs Divins à *Livie* sa grand'-mere. La fille que *Neron* eut de *Poppée* fut mise au rang des Déesses ; on lui assigna un culte, un Sacrificateur & un Temple. Ce fut un crime capital dont on accusa *Thrasea Petus*, de ce qu'il ne croyoit pas que *Poppée* fût Déesse. Je crois même que le chant de *Neron* fut déifié puisque ce fut un crime de lèse-Majesté dont on accusa le même *Thrasea* de ne lui avoir jamais offert aucun Sacrifice. *Domitien* encore s'attribua les honneurs Divins & fut un Dieu fort approchant du caractère de *Caligula*.

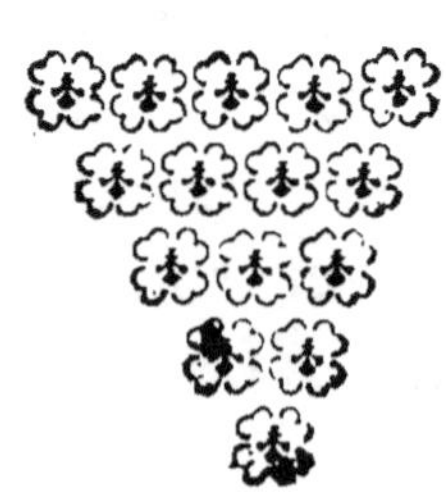

SECTION IV.

Combien la Loi de Majestate *devint funeste, & avec quelle rapidité les accusations du crime de lèse-Majesté se multiplierent sous les prétextes qu'elle fournissoit.*

J'AI assez parlé de cette fantaisie de déifier les Princes morts ou vivans, mais je n'en ai pas assez dit pour montrer les influences fatales que cela eut sur la liberté & sur l'Etat. Ce fut une nouvelle source de flatteries, d'accusations & de supplices qui fortifia les chaines de la Tyrannie. J'en ai donné assez d'exemples, & l'on en pourroit donner bien davantage qui feroient voir clairement l'impudence & la cruauté avec laquelle la Loi *de Majestate* fut étendue & envénimée. Cette Loi engloutissoit toutes les autres, & tous les crimes furent mis au nombre de ceux de lèse-Majesté, parce que c'étoit le plus grand des crimes, *cuncta quæstione Majestatis exercita*; on le vit dans l'affaire de *C. Silius* dont le plus grand crime étoit d'avoir rendu des services trop importans à *Tibére*, d'où *Tacite* tire cette observation délicate, „ que „ les bienfaits attirent notre reconnois„ sance tandis que nous croyons être en „ état de nous en acquitter, mais lors„ qu'il est au-dessus de notre pouvoir „ de les rendre, la haine prend la place „ de la reconnoissance „. Sous le règne de *Tibere*, dit *Suetone*, toutes les fautes étoient des crimes capitaux, les mots même tout innocens qu'ils étoient. Lorsque *C. Silanus* fut appellé en justice, pour malversation dans le Gouvernement d'Asie, *Tacite* dit que parmi tous les divers artifices & plusieurs violences barbares dont on se servit pour le faire périr, aucun de ses parens n'osa se montrer pour lui & le défendre en justice: l'accusation de lèse-Majesté étoit une barriére suffisante qu'on opposoit à ses défenseurs, & un sûr moyen de leur fermer la bouche. Une des plus grandes accusations contre *Libon Drusus* étoit d'avoir demandé aux diseurs de bonne avanture s'il ne posséderoit pas un jour de grandes richesses; c'étoit encore un crime de lèse-Majesté : il fut pour cela poursuivi capitalement, & ses biens furent confisqués. Remarquez que ces deux derniers étoient des hommes d'une grande qualité, parens des *Césars*, & faisoient ombrage à *Tibere :* il semble que c'étoit-là leur véritable crime. *Cesius Cordus* fut accusé de concussion dans son Gouvernement de Crète, mais pour s'assurer de la punition de l'accusé on le chargea encore du crime de lèse-Majesté, accusation, dit *Tacite*, qui dans ces tems-là comprenoit toutes les autres accusations, & en assuroit le châtiment.

Ce fut un crime de lèse-Majesté à *Cremutius Cordus* d'avoir inséré dans son Histoire les louanges de *Brutus*; d'avoir appellé *Cassius* le dernier des Romains, quoiqu'en cela il n'eût fait que rapporter les propres termes de *Brutus*. Crime de lèse-Majesté à *Titius Sabinus* d'avoir été à la suite de *Germanicus*, & après la mort de ce Prince de s'être attaché fidellement aux interêts de sa femme & de ses enfans. *Pompeia Macrina*, son pere & son frere, le premier Chevalier Romain de distinction, le dernier avoit exercé la Préture ; en furent accusés de même. Leur vrai crime étoit de descendre de *Theophanes* de Mitylène Grec de distinction qui avoit été dans la confidence du Grand *Pompée :* crime de lèse-Majesté à *L. Ennius* Chevalier Romain d'avoir fait de la monnoie des Statues de l'Empereur : crime de lèse-Majesté à *Lutorius Priscus*, autre Chevalier Romain, d'avoir, pendant la maladie de *Drusus*, composé une élegie sur sa mort: crime de lèze-Majesté à *Mamercus Scaurus*, homme de naissance & Orateur illustre, d'avoir fait une Tragédie où il y avoit des vers auxquels on pouvoit donner deux sens différens : crime de lèse-Majesté à *Torquatus Silanus*, homme de qualité du premier rang à Rome, de vivre splendidement, & d'avoir plusieurs Domestiques à son service : un autre *Silanus* qui étoit son neveu fut mis à mort peu de tems après pour un crime de la même nature. Ce fut un crime de lèse-Majesté à un autre homme de qualité d'avoir conservé le portrait de *Cassius* parmi ceux de ses Ancêtres, à deux freres surnommés *Petra,* tous deux Chevaliers Romains de distinction, d'avoir fait quelque ſonge qui regardoit l'Empereur *Claude*, à *Appius Silanus* de ce que *Meſſaline* femme de l'Empereur, & *Narciſſe* l'Affranchi avoient fait un ſonge qui regardoit *Silanus*. Pour n'en pas dire davantage, ce fut un crime de lèſe-Majeſté à une pauvre mere affligée d'avoir verſé des larmes ſur la mort de ſon fils dont on avoit répandu le ſang pour aſſouvir la vengeance du Tyran offenſé d'une raillerie, c'étoit *Fuſius Geminus* qui avoit été Conſul : ſa mere fort avancée en âge fut miſe à mort pour avoir pleuré la mort funeſte de ſon fils : *fœminæ ob lacrymas incuſabantur ; necataque eſt anus Vitia Fuſii Gemini mater quod filii necem fleviſſet.*

SIXIÉME DISCOURS,

Des Accusations & des Délateurs sous le règne des Empereurs.

SECTION I.

Usage pernicieux qu'on faisoit des Délateurs; leurs impostures, & l'encouragement qu'on leur donnoit.

LA Loi *de Majestate* ainsi corrompue donna de l'encouragement plus qu'il n'auroit fallu aux Délateurs & aux Accusateurs, avec une ample moisson d'Accusations. C'est une sorte de gens, dit *Tacite*, nés pour la destruction du Genre humain, que les craintes ni les peines ne sauroient jamais assez réprimer. C'étoient pourtant ces gens là, ces pestes publiques que l'Empereur recherchoit, & qu'il invitoit par de grandes récompenſes. *Tibere* eut le front de dire au Sénat que ces ennemis des Loix & de la Liberté étoient les Gardiens, & les Défenſeurs des Loix. C'étoient ſes Défenſeurs propres puiſqu'il le vouloit ainſi, les champions des violences, & de la convoitiſe de l'Empereur, mais c'étoient des loups raviſſans alterés du ſang & de la fortune de tout homme de mérite, & de celui qui avoit du bien. Le Prince qui ne punit pas les Délateurs, les encourage, diſoit *Domitien*. Il le diſoit au commencement de ſon règne lorſqu'il avoit encore quelque exterieur d'humanité : mais lorſqu'il eut levé le maſque, & qu'il s'abandonna à ſon naturel féroce, c'étoit aſſez pour être perdu que d'être ſeulement accuſé d'avoir fait ou dit quoi que ce fût contre la Majeſté du Prince. Les gens étoient mis en juſtice, chargés d'Accuſations capitales; les biens étoient confiſqués tant des vivans que des morts, pour quelque faute que ce fût, ſur la parole du moindre Délateur. Les héritages auxquels *Domitien* n'avoit pas le moindre droit du monde, il s'en mettoit en poſſeſſion, pourvu qu'il y eût une ſeule perſonne, un Délateur qui voulût dire qu'il avoit entendu le defunt nommer *Cesar* pour son héritier. *Caligula* se servit du même prétexte, & lorsque la crainte eut obligé les gens à le nommer héritier dans leurs Testamens, il s'étonnoit de leur imprudence à le priver de la portion d'héritage qui devoit lui revenir ; de ce qu'ils prolongeoient leur vie après avoir fait leur Testament. Il en fit empoisonner plusieurs pour un pareil crime. En un mot les événemens les plus fréquens du règne de la plupart des Empereurs étoient les coups d'essai sanglans, & les triomphes des Délateurs. Le fondement de toutes les Accusations étoient la corruption de la Loi *de Majestate* à laquelle on fit dire tout ce que les Accusateurs & les Empereurs voulurent.

Au commencement du règne de *Tibere*, *L. Pison* un des hommes les plus hardis de Rome, avoua franchement en plein Sénat qu'il étoit si intimidé par les poursuites implacables des Délateurs ; qu'il alloit abandonner Rome, & se retirer dans quelque coin éloigné du monde. Ses plaintes & ses frayeurs étoient bien fondées : il fut dans la suite marqué comme la victime & la proie d'un de la bande des Délateurs ; & mis en justice pour certains mots qu'il avoit lâchés sécretement contre la Majesté du Prince. Ces Accusations pouvoient être regardées comme une suite des proscriptions. Les premiéres firent périr en gros les Sénateurs & les Chevaliers qui faisoient ombrage aux Usurpateurs ; les secondes faisoient périr en détail & sans relâche par les Accusations ; *quem Diem vacuum pœna ubi inter sacra & vota, vincla & laqueus inducantur.* On en faisoit mourir souvent plus d'un en même tems. Les Loix de l'ancienne République, & tout homme qui aimant sa patrie, en aimoit les Loix, étoient regardés comme ennemis de la Tyrannie alors établie. La République avoit été engloutie par le Despotisme des Césars, & les Loix de la République furent réduites uniquement à celle *de Majestate.* Tous ceux qui étoient attachés, ou qu'on soupçonnoit d'attachement à l'ancienne Constitution furent détruits par cette nouvelle Loi, ou plutôt par l'ancienne Loi dont on avoit fait un piège nouveau : ou bien ils furent à la merci des Gouverneurs & des Délateurs.

Toutes ces nouvelles violences furent commises, sous le nom des anciennes Loix, *proprium id* Tiberio *fuit, scelera nuper reperta priscis verbis obtegere*, & la République se vit réduite à se couper la gorge elle-même. C'est ainsi que les hommes cruels & ambitieux justifient la persécution & l'oppression par l'autorité de l'Evangile; l'Eglise de Rome appelle hérésie & blasphême tout ce qui lui déplait, c'est la Loi *de Majestate* de certains Ecclésiastiques : les cruautés qu'ils ont commises sous ce nom ont surpassé celles des *Nerons* & des *Domitiens*. Après que le Sénat eut fait mourir un homme de distinction, *Tibere* écrivit à cette Assemblée une Lettre de remerciment de ce qu'ils avoient puni un ennemi de la République, comme si elle eût subsisté & qu'elle eût encore été en état de venger ses injures.

Les Accusateurs étoient les agens & les instrumens de la Tyrannie; les Tyrans les favorisoient, les animoient ouvertement, & leur accordoient de grandes récompenses. Leur emploi étoit de tendre des pièges, & de ruïner tout homme remarquable par sa naissance, par ses richesses ou par ses dignités : tous ces gens-là étoient exposés à la jalousie & aux chagrins de l'Empereur. Si un Romain de distinction étoit élevé à des emplois publics, c'étoit un homme dangereux ; si un autre les avoit refusés, il étoit également à craindre. Qu'il les occupât, ou qu'il les refusât, il pouvoit compter d'être attaqué, comme un criminel d'Etat, & si quelque talent extraordinaire le rendoit illustre, sa perte étoit inévitable : *Nobilitas, opes, omissi gestique honores pro crimine, & ob virtutes certissimum exitium*. *Valerius Asiaticus* fut fait mourir parce qu'il avoit des jardins délicieux qui tentérent l'avidité de *Messaline*, ce fut encore le sort de *Statilius Taurus*, pour la même raison, par l'avarice & les embuches d'*Agrippine*. Il en fut de même de *Sextus Marius* à cause de ses richesses immenses & de ses mines d'or sous le règne de *Tibere*. Cela nous fait connoître le genie des Empereurs, & des Délateurs. On voit par-là combien les premiers étoient tourmentés de leur haine & de leurs craintes, & avec quelle promptitude les autres faisoient périr la fleur des

Romains. Le pernicieux emploi que celui de Délateur! Devoit-on être surpris qu'on leur donnât de si grandes récompenses pour les porter à un métier si odieux? Il est certain qu'elles furent si grandes, & si éclatantes que les Délateurs n'étoient pas plus détestés pour leurs injustices que pour le salaire qu'ils en retiroient.

Ces pestes publiques furent souvent élevés aux emplois les plus éminents de l'Etat : Rome cette maîtresse du monde, vit ses dignités publiques, celles de Pontife & de Consul devenir la dépouille des Parricides qui avoient répandu son sang & déchiré ses entrailles. Plus ils étoient infames, plus ils avoient de crédit auprès du Prince. Plusieurs d'entre eux furent faits Gouverneurs de Province, d'autres devinrent les confidents & les principaux Conseillers de l'Empereur : revêtus de ce pouvoir, ils répandoient par-tout la terreur, & exerçoient leur haine ; ils régloient & confondoient toutes choses : *agerent, verterent cuncta odio & terrore.* Après la mort tragique de *Libon Drusus* qu'on fit périr par de détestables artifices, des faussetés, & des explications forcées des Loix ; tous les biens de ce Patricien furent partagés entre les Accusateurs, & ceux d'entre eux qui étoient Membres du Sénat furent revêtus de la Préture sans qu'on observât le moindre ordre dans leur élection. Les quatre Sénateurs qui firent tomber *Titius Sabinus* dans leurs piéges, après lui avoir témoigné une amitié déclarée, par une suite de perfidies les plus noires qu'on puisse imaginer ; qui dans la suite le mirent en justice ; s'étoient engagés dans cette infame lâcheté pour obtenir le Consulat auquel on ne pouvoit parvenir que par le crédit de *Sejan* ; & l'on ne pouvoit obtenir les bonnes graces de ce Favori que par des bassesses & des infamies.

Outre les récompenses qu'obtenoient les Délateurs sur les biens des accusés desquels s'ils n'avoient pas toutes la dépouille, ils entroient du moins en partage avec les enfans ; outre cela, dis-je, on leur donnoit souvent de grosses sommes prises du Thrésor public. *Capito Cossutianus* eut près de cent trente mille écus pour avoir accusé *Thrasea Petus* : *Eprius*

Marcellus en eut autant pour le même service. *Neron* après s'être long-tems baigné dans le sang des hommes de mérite, & en avoir fait massacrer un nombre prodigieux, espéroit que par la mort de *Thrasea* & de *Soranus*, il aboliroit jusqu'au nom de la Vertu sur toute la face de la Terre. *Ostorius Sabinus* Accusateur de *Soranus* eut une récompense en argent au-dessus de trente mille écus, mais elle fut réhaussée par les ornemens de la Questure dont on le revêtit. „ Ces boutefeux étoient en„ couragés & ces calamités publiques „ étoient excitées par des Favoris pestes „ de Cour, qui sembloient avoir sonné „ la trompette pour les Accusateurs & „ les confiscations afin de grossir leur „ fortune des dépouilles de ceux qu'ils „ faisoient ainsi condamner à mort. „ C'est ce que dit *Ammien Marcellin*. *Aquilius Regulus*, un Avanturier, & un Délateur dangereux, fut honoré deux fois du Consulat; il eut encore la dignité de Pontife, & des récompenses en argent comptant au dessus de deux cens mille écus; comme si pour avoir fait les obséques de la République,

que, il en eût mérité les dépouilles, dit *Tacite*.

SECTION II.

Des trahisons mises en usage pour surprendre l'innocence, & former des convictions; combien l'esprit de délation se rendit commun, & redoutable: de la misere de ces tems-là.

POUR exécuter ces projets sanguinaires, il falloit controuver quelque crime; on en supposa donc de toute espéce, comme je l'ai fait voir au long. Il falloit avoir des témoins, mais tous les témoins étoient bons, & ceux qui ne se présentoient pas d'eux-mêmes étoient achetés à prix d'argent, ou effrayés par la crainte de la torture. On subornoit les Esclaves pour prendre les Maîtres; les Clients & les Affranchis, pour faire périr les Patrons; & celui qui n'avoit aucun ennemi périssoit par la trahison de ses propres amis; *Corrupti in Dominos servi, in Patronos Liberti, & quibus deerat ini-*

micus per amicos oppressi. Par les anciennes Loix de Rome les Esclaves ne pouvoient point porter témoignage contre leurs Maîtres, *Tibere* inventa une ruse pour éluder cet Article de la Loi sans qu'il parût l'enfraindre. Il voulut qu'on vendît les Esclaves en pareille occasion, afin qu'ils pussent servir de témoins contre leur dernier Maître. *Dion Cassius* fait voir au long qu'*Auguste* fut le premier qui s'avisa de cette infame subtilité. Lorsqu'on manquoit d'Accusateurs pour perdre un homme, on en trouvoit dans la famille : son propre fils le devenoit : tems détestables ! Quand même il n'y auroit eu aucunes récompenses à espérer dans le lâche métier d'Accusateur, la peur obligeoit les gens à se trahir l'un l'autre ; l'imposture & la cruauté n'étoient retenues par aucun frein. Si l'on vouloit plaire à l'Empereur il falloit flatter son humeur sanguinaire, offrir le plus de victimes qu'on pouvoit à sa rage, & exercer l'infame métier de Délateur. Si quelqu'un étoit mal dans l'esprit du Prince, ni crédit ni innocence ne pouvoient le mettre à couvert, il falloit pour en avoir les bonnes graces être détesté de tous les hommes. Pour faire sa fortune il falloit détruire celle des autres, & verser le sang pour s'enricher.

Les hommes de la plus haute qualité se ravalérent jusqu'à prendre cet emploi honteux ; des hommes distingués par leur éloquence & par leurs talens dans les affaires publiques ; tel étoit *Cotta Messalinus*, homme de naissance, mais le premier dans la poursuite des Accusations capitales : tel étoit encore *Publius Dolabella* qui ternissoit la gloire de ses ancêtres, en s'engageant aux fonctions d'Accusateur contre les personnes même de son sang. Lorsque des personnes de cette qualité eurent donné de pareils exemples, devoit-on s'étonner s'ils étoient suivis d'une foule d'autres ? Plusieurs le faisoient pour de l'argent, d'autres de peur d'être suspects s'ils demeuroient les bras croisés. Il ne s'agissoit pas si l'on étoit fondé ou non, il n'étoit question ni de Loi ni de Magistrature : il suffisoit d'assouvir la cruauté du Prince ; de se dérober à sa fureur & à ses soupçons. Lorsque les Délateurs furent ensuite mis en justice pour leurs propres crimes ils s'excusoient en disant que c'étoient les Empereurs ou leurs femmes qui les avoient obligés à se porter pour Accusateurs *Suillius* se justifia de cette maniére, & allégua pour sa défense les ordres impérieux de *Messaline*. Il arriva même que des personnes de marque furent nommées par l'Empereur pour former des Accusations. Ce fut, dit *Tacite*, un des plus grands maux de ce tems-là, que les premiers du Sénat se dégraderent au point de prendre l'emploi de vils Délateurs. Les uns sans aucune honte & publiquement, les autres en cachette par des trames sourdes. On accusoit sans distinction, parens, étrangers, amis, ennemis, connus & inconnus : nulle différence entre les choses passées depuis peu & celles que le tems sembloit avoir ensevelies. Les paroles qui avoient échapé au barreau, dans un repas, sur quelque sujet que ce fût, exposoient également celui qui les avoit dites à être accusé de crime d'Etat; c'étoit à qui témoigneroit plus d'empressement à former des Accusations : les uns pour prévenir leurs compagnons, les autres pour se mettre à couvert, la plupart infectés de la contagion des Délateurs.

La trahiſon & la perfidie étant devenues générales produiſirent auſſi une terreur univerſelle. Les récompenſes qu'on donnoit à l'infamie, la néceſſité où ſe trouvoient de la pratiquer, les Grands & le peuple, tout cela faiſoit craindre à chaque Particulier de trouver un malhonnête homme ſur ſon chemin : de là venoient la triſteſſe & l'épouvante généralement répandues dans la Ville. On n'oſoit converſer avec perſonne, on n'oſoit même ſe rencontrer, la défiance étoit égale de la part des amis & des inconnus : on craignoit juſqu'aux choſes inanimées, les murs & les voutes ; on craignoit que la crainte même ne rendît coupable. *Id ipſum paventes quod timuiſſent.*

SECTION III.

Les Conspirations vraies ou supposées vaste champ pour les Accusations & la cruauté : sur quelles misérables preuves on condamnoit au dernier supplice.

LA découverte des Conspirations réelles ou prétendues étoient le fonds le plus lucratif pour les Accusateurs, & le prétexte le plus favorable à l'Empereur pour exercer la Tyrannie, & perdre tous ceux dont il vouloit se défaire. Le massacre impitoyable que fit faire *Constance* après la mort de *Magnence*, par son organe sanguinaire *Paulus* surnommé *Catena*, homme extrêmement adroit à forger des calomnies & des Accusations, en est un exemple surprenant. Il en avoit été de même après la découverte des entreprises de *Sejan* contre *Tibere*. Cet Empereur qui pendant une longue suite d'années avoit fait périr tout ce qui faisoit ombrage à cet exécrable Favori, fit périr dans la suite tous ceux qui avoient eu quelque liaison avec lui. Ce fut la même chose lorsqu'on découvrit la conspiration de *Pison* contre *Neron*, le Sénat n'eut autre chose à faire qu'à intenter des Accusations, à emprisonner, & à envoyer les gens au dernier supplice, Rome fut toute teinte de sang : défigurée par des morts & des funérailles, tout homme qui étoit devenu odieux, qui déplaisoit ou dont on vouloit se défaire pour quelque raison que ce fût, ne manquoit pas d'être du nombre des Conspirateurs, & d'être condamné au dernier supplice. *Tibere* fit faire un massacre général de tous ceux qui étoient en prison accusés d'intelligence avec *Sejan*, la moindre chose, la circonstance la plus légere, & la plus fortuite étoit une preuve suffisante de cette intelligence. *Pomponius Secundus* fut accusé de crime d'Etat parce qu'il y avoit eu des marques d'amitié entre lui & *Aetius Gallus* qu'aucun d'eux n'avoit fait voir, mais *Gallus* étoit ami de *Sejan* criminel de lèse-Majesté, & après l'exécution de *Sejan* il s'étoit retiré dans les jardins de *Pomponius* ;

c'etoit tout ce qu'on pouvoit dire: cependant ce fut la preuve dont se servit l'Accusateur pour prouver que cet homme de mérite étoit criminel d'Etat. Cet Accusateur nommé *Considius* avoit été déja Prêteur, & c'est de la même maniére apparemment qu'il s'étoit montré digne des faveurs de l'Empereur, & d'une des plus grandes Dignités de l'Etat.

L'Empereur *Constance* étoit également cruel & crédule, il n'y alloit pas de moins que de la vie d'être accusé, & toute accusation quelque douteuse ou fausse qu'elle fût, dite à l'oreille seulement, étoit pour cet Empereur une preuve convaincante. Un bruit sans fondement, le moindre avis suggeré par la malignité; tout étoit crime de lèse-Majesté, & condamnoit à la mort sans remission. Ce fut sur des preuves aussi valables que celles que je viens de dire, que des personnes de la premiére qualité, & de mérite, furent condamnées à perdre leurs biens, au bannissement, ou à la mort: la seule allégation qu'un tel étoit de la conspiration ou ami des Conspirateurs étoit une conviction suffisante pour faire re perdre les biens & la vie. *Neron* qui ne ſongeoit qu'à tourmenter & à détruire les gens de mérite, fit un crime capital de tout ce qui lui déplaiſoit ; ſa haine ou ſa crainte rendoient aſſez criminel, & étoient une raiſon ſuffiſante pour en faire périr l'objet. Quelques perſonnes furent ſacrifiées ſans avoir été ſeulement accuſées ou nommées : quelques - uns furent punis avant qu'ils ſuſſent qu'ils étoient accuſés. La moindre calomnie étoit une pleine conviction. Rien n'étoit plus commun que d'accuſer les perſonnes de diſtinction, dont on vouloit ſe défaire, de crime d'État : ce fut l'accuſation que l'on intenta contre *Libon Druſus.* Tout le crime qu'on put prouver contre lui avec beaucoup de peine & en employant les artifices les plus infames, étoit qu'il avoit conſulté les diſeurs de bonne avanture, & pratiqué des enchantemens. C'étoit là conſpirer contre l'Etat, c'étoit un crime de lèſe-Majeſté, & comme les Romains étoient fort addonnés à cette ſorte de ſuperſtition, ce fut un champ vaſte & fertile d'accuſations de crime d'État. Cependant *Tibere* lui - même étoit entêté autant qu'un autre de l'Aſtrologie Judiciaire.

Dans les accusations qu'on intentoit, principalement contre les femmes de qualité que leur naissance, leurs biens ou leur beauté exposoient à la cruauté de l'Empereur, c'étoit un Article qu'on alléguoit toujours qu'elles avoient eu commerce avec les Chaldéens, ou pratiqué des cérémonies magiques : ce fut pour cela que plusieurs grandes Dames furent condamnées à la mort : *ob hæc mors indicta.*

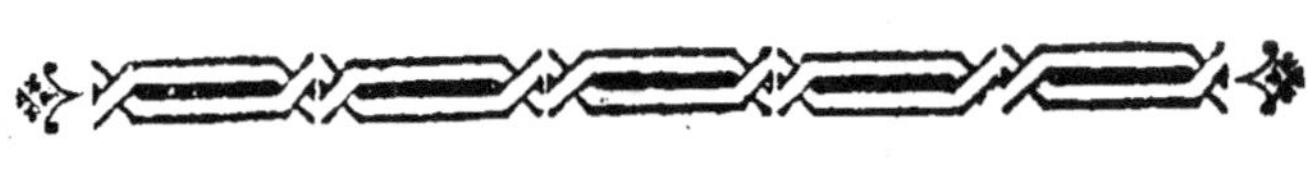

SECTION IV.

Des Sujets impertinents qu'on regardoit comme des crimes capitaux. Humeur de l'Empereur Constance, *avec quelques traits de caractère de* Constantin *son pere.*

CETTE fantaisie de consulter les Astrologues croissant avec la superstition & la Tyrannie, devint un fonds inépuisable de crimes, & d'Accusations. Le bruit d'une souris dans un mur, la vûe d'une belette, devinrent des Sujets d'augure & de consultation ; par conséquent des crimes d'État, des crimes capitaux. Il en fut de même du charme dont se servoit une vieille femme pour appaiser la douleur ; du remède contre la Colique en comptant les voyelles sur ses doigts ; contre la fièvre en portant une amulette ; d'avoir laissé échaper le moindre mot, la moindre plaisanterie qui intéressât le moins du monde l'Empire, le nom ou l'autorité de l'Empereur ; d'avoir fréquenté les sépulchres, d'avoir emporté les os ou les habits des morts, d'avoir fait quelque songe qui regardât quelqu'une de ces matières, ou d'avoir fait des préparatifs pour avoir de pareils songes.

Sous le règne de *Constance* il y avoit un Persan nommé *Mercure* Favori de l'Empereur & son espion pour les songes ; de sorte qu'il en avoit le titre de *somniorum Comes.* Cet homme d'un talent si rare, cet homme flatteur & plein de de malignité, s'insinuoit adroitement dans toutes les compagnies, & dans les grands repas pour déterrer les songes des Particuliers ; & tout ce qu'il apprenoit de cette nature il l'accommodoit à sa fantaisie, y donnoit les couleurs les plus noires, & en faisoit un plat à l'Empereur qui prétoit toujours l'oreille à ces pernicieuses suggestions. Ce songe étoit représenté comme un crime que la seule mort du criminel pouvoit expier. C'est ainsi qu'on faisoit le procès à l'infortuné songeur. Cela répandit une si grande terreur que les gens bien loin de raconter leurs songes osoient à peine avouer qu'ils eussent dormi : il y en avoit même qui déploroient leur sort de n'être pas nés sur le mont Atlas dont on croyoit que les habitans ne faisoient jamais de songes.

C'étoit un crime d'Etat capital, de se plaindre du malheur de tems ; car c'étoit faire le procès au Gouvernement. Une mort injuste n'étoit pas toujours le malheur le plus à craindre : on ne faisoit pas aux accusés la grace de les avoir tourmentés, & démembrés par la rigueur de la torture. Pour assouvir la barbare vengeance du Tyran, on prolongeoit leurs tourmens jusqu'à ce qu'ils poussassent le dernier soupir : *mortemque longius in puniendis quibusdam, si natura permitteret, conabatur extendi.* C'est ce qui est attesté par *Ammien Marcellin* de *Constance* ſecond Empereur Chrétien, plus cruel que *Neron* & *Caligula* ; ce qui ſert à établir ce que j'ai dit ci-devant que dans un mauvais Gouvernement la meilleure Religion produit fort peu de bien. *Conſtance* étoit Chrétien & fort zélé pour les affaires Eccléſiaſtiques, & les diſputes de Religion qu'il fomenta au point de troubler d'une maniére déplorable le Chriſtianiſme & l'Empire. Bien loin que ce zèle l'eut rendu meilleur & plus traitable, les Tyrans les plus barbares qui l'avoient précedé, les *Caligula*, les *Domitiens* & les *Commodes* n'étoient que des enfans à l'égard de la cruauté, comparés à *Conſtance. Caligulæ, & Domitiani, & Commodi immanitatem facile ſuperabat*, dit le même Hiſtorien *Ammien Marcellin.*

Il ſeroit à ſouhaiter qu'on pût rendre un meilleur témoignage à ſon pere, le premier Empereur qui embraſſa le Chriſtianiſme & qu'on appelle le Grand *Conſtance.* Tous les Princes qui l'avoient précedé firent moins de tort à la Religion par leurs perſécutions qu'il ne lui en fit en la revêtant d'un eſprit de politique & d'autorité ; en jettant les fondemens d'une Tyrannie ſpirituelle ; mettant l'Evêque de Rome & les autres grands Prélats en état d'exercer l'esprit de domination, qu'ils avoient eu bien de la peine à cacher jusqu'à ce tems-là : esprit qui a presque entiérement éteint celui de l'Evangile. Dans son Gouvernement à l'égard des affaires civiles, il étoit avide, prodigue, & oppresseur ; à l'égard de sa famille il étoit cruel & sanguinaire ; cela est très-certain quelque soin qu'ait pris *Eusebe* son Historien Panégyriste de le louer ; & de cacher les injustices de son règne. Mais quelque méchant qu'il fût, son fils & Successeur *Constance* le surpassa en cruauté & en Tyrannie. *Ammien Marcellin* avoit beaucoup de raison de dire que sous prétexte de conserver la Majesté Impériale, il fit commettre un grand nombre d'horribles massacres : *per simulationem tuendæ Majestatis Imperatoriæ, multa nefanda perpetrabantur.*

SECTION V.

Du Massacre général fait sous Constance *par le ministère de* Paulus Catena *pour une simple curiosité superstitieuse.*

C*Onstance* livra tout d'un coup une grande partie de l'Empire Romain, aux Délateurs, & aux Bourreaux. Certains sujets frivoles en eux-mêmes, que l'on grossissoit au point d'y attacher le crime de lèse-Majesté, produisirent les désordres, & les calamités qui accompagnent une grande Guerre civile. Les trompettes sonnoient la charge & le carnage: *ad vicem bellorum civilium inflabant litui quædam colorata læsæ Majestatis crimina; materiam autem in infinitam quæstionibus extendendis dedit occasio vilis & parva.*

Une Divinité d'Egypte nommée *Besæ* se mit en réputation par les Oracles qu'elle rendoit: on y fit des pélerinages fréquens, on lui rendit un culte, & elle fut consultée de tous les Pays des environs. Plusieurs la consultoient en personne, d'autres par écrit : un grand nombre de Lettres des consultans qui avoient été gardées dans le Temple après que la réponse eut été rendue, furent envoyées à l'Empeure par malice ; c'étoit un Prince d'un esprit borné, soupçonneux & colère. Le voilà qui prend feu, & qui fait partir son Agent sanguinaire *Paulus Catena* pour aller dans l'Orient muni de pleins pouvoirs tels qu'un Général qu'on auroit chargé de terminer une grande guerre. *Paulus* étoit chargé d'entendre les accusations & de juger comme bon lui sembleroit. Il s'acquitta de sa commission d'une manière barbare, ne respirant que le sang & le carnage, on lâcha la bride aux accusations & aux calomnies, on les encouragea, on fit venir une infinité d'accusés de toutes parts à cet impitoyable Tribunal. Ces infortunés se virent à la merci d'un bourreau qui ne cherchoit qu'à répandre le sang & à s'enrichir des dépouilles des accusés. Les uns venoient le corps tout écorché par leurs chaines, les autres brisés par le mouvement des charettes faites pour voiturer les criminels : nulle distinction entre la

Noblesse & le Peuple. Les procédures étoient longues, & finissoient d'une manière tragique, enfin on exerça tout ce que la rage & l'avarice peuvent inventer de plus cruel : les confiscations, les exils, les tortures pires que la mort, avec les supplices longs & douloureux. La vie, les biens & la destinée d'un grand Peuple dépendoient d'un signe de tête de *Catena*, d'un homme nourri dans tous les artifices de la cruauté & qui en faisoit une profession publique ; d'un barbare qui avoit fait un étalage continuel de roues & de chevalets, & s'étoit enrichi par le massacre & par la rapine. C'étoit-là l'homme le plus accrédité, & à qui ce pieux Empereur avoit donné toute sa confiance. Ce doit être un soulagement pour le Lecteur d'apprendre que ce monstre couvert de sang & de crimes fût brûlé vif sous le règne de *Julien*, Prince d'un caractère & d'une humeur entiérement opposés à ceux que nous venons de décrire.

SECTION VI.

Continuation des ravages causés par les Délateurs, combien les Empereurs les favorisoient : sort funeste de la plupart. Perfidie des Souverains de ces tems-là, & triste situation de l'Empire.

Les règnes des Empereurs suivans, *Constance*, *Constans*, *Gallus*, *Valentinien*, & *Valens* se passérent à faire une guerre continuelle au Peuple sous prétexte de crimes de lèse-Majesté.

Les ravages commis dans Rome par le sanguinaire *Maximien* sont inexprimables : le tout sous prétexte de crimes de lèse-Majesté, d'empoisonnemens, & de débauche : il y en avoit bien peu qui fussent réels, la plupart étoient supposés. Ces Accusations étoient un complot de meurtre, de torture & de désolation. Toute personne des deux sexes en butte à lui ou à ses Délateurs étoit mise à mort; & l'on versa des torrens de sang Romain pour assouvir la malice & l'avidité d'un seul homme. Je crois que ce fut *Maximin* qui persuada à certaines personnes accusées d'avouer le crime & de découvrir d'autres criminels, leur promettant qu'ils ne seroient punis, ni par le fer ni par le feu; ils le firent sur cette espérance, & avouerent des crimes qu'ils n'avoient jamais commis: *Maximin* par une lâche échapatoire les condamna à être mis à mort avec des marteaux de plomb. On le fit mourir lui-même sous l'Empire de *Gratien*.

Les oreilles des Empereurs étoient toujours fermées aux cris de l'Innocence accusée: rien ne pouvoit déssiller leurs yeux, ni justice, ni vérité, ni l'exactitude des informations: ils n'écoutoient que la calomnie, de quelque endroit qu'elle vînt, elle avoit le même crédit dans leur esprit que les preuves les plus évidentes: c'est ce que rapporte *Ammien Marcellin*. L'imposture, la flatterie, l'envie & l'esprit de rapine étoient pour eux des témoins irréprochables; la justice étoit entiérement corrompue quant au fonds & quant à la forme; les Tribunaux destinés à protéger la vie & les biens des Particuliers étoient devenus des boucheries, où ce qui portoit le nom de supplice & de châtiment n'étoit réellement que vol & assassinat.

On ne manquoit jamais d'Accusateurs ni de criminels ; plus on faisoit périr de ces derniers, plus on les voyoit multiplier; semblables en cela aux accusés de sortilège du tems de nos ayeux: plus on en exécutoit à mort, plus on en trouvoit. Les Accusations de crimes d'Etat étoient devenus l'entretien & le revenu assuré des Délateurs qui tant qu'ils pouvoient parler & mentir, ne manquoient ni d'occupation ni de récompense, pourvu qu'il restât des Tyrans & des Sujets. *Marcellus* fut accusé d'avoir proferé des termes de mécontentement au sujet de *Tibere*, & l'Accusateur ramassant tout ce qu'il y avoit de détestable dans ses propres mœurs en chargea l'accusé. Ce fut-là un vaste champ pour les Accusations & que les Délateurs ne négligeoient pas. On ne pouvoit rien dire de ces Empereurs, quelque vrai qu'il fût, sans commettre un crime de lèse-Majesté, tant ces monstres étoient alterés de sang ! Le pis que l'on en pouvoit dire étant effectivement vrai, il étoit croyable qu'on l'avoit dit.

Quel plaisir, quelle douceur pouvoit-on goûter sous de pareils règnes exposé à la rage de ces Tygres déchainés ? Tout étoit permis aux scélérats : on les caressoit, & on les protégeoit, tandis que la vertu & les biens des gens de probité étoient abandonnés à la proscription.

La personne des Délateurs fut enfin regardée comme sacrée & inviolable, plus ils étoient détestés du public, plus ils étoient protegés par l'Empereur, & plus ils avoient mérité une mort ignominieuse, plus ils étoient encouragés & récompensés. Leurs plus infames faussetés controuvées contre la vie & les biens des Grands de Rome avoient beau être découvertes jusqu'à une pleine conviction, elles étoient toujours impunies. Les crimes dont *Fonteius*, auparavant Proconsul d'Asie, fut accusé par *Serenus*, furent découverts n'être que des faussetés que ce dernier avoit forgées : cependant le calomniateur ne fut point puni. Plus ce misérable étoit en horreur à tous les hommes, plus *Tibere* le considéroit & le protégeoit. Ce *Serenus* étoit un scélérat du premier ordre : pour faire plaisir à l'Empereur il avoit intenté une fausse accusation de lèse-Majesté contre son pere vieillard déja dans l'exil, mais contre qui *Tibere* conservoit encore un secret dépit de ce qu'il lui avoit reproché quelque service honteux qui avoit demeuré sans récompense. L'espace de huit années n'avoit pu calmer le ressentiment du Prince. Il arriva pourtant que le règne de ces Délateurs ne dura qu'un tems; la plupart trouverent à la fin un loyer digne de leur injustice, & de leurs impostures: ils subirent le même sort qu'ils avoient fait subir à tant d'autres; d'autant plus cruel encore, qu'il étoit accompagné de la haine publique, & des remords de leur conscience: ce fut là le sort de *Suillius*, de *Cassius Severus* & d'autres.

Comme c'étoit la coutume de trouver des crimes de lèse-Majesté dans des paroles innocentes, dans des superstitions frivoles; & même dans des sottises ridicules, plus dignes de pitié que de châtiment, tels étoient les crimes dont on accusa *Libon*; c'étoit aussi la maxime politique de l'Empereur de ne jamais empêcher aucun crime de cette nature: au contraire il étoit bien aise qu'il s'en commît, &

quand il savoit qu'on en avoit commencé quelqu'un il laissoit faire jusqu'à ce que les preuves & les accusateurs fussent en état. *Tibere* étoit informé que *Libon* étoit en commerce avec les Astrologues, il n'ignoroit rien de tout ce qu'il faisoit & de tout ce qu'il disoit. Cependant *Tibere* n'avoit jamais tant prodigué ses caresses à *Libon* que dans le tems qu'il en méditoit la ruine; il l'éleva à la Prêture, il l'invita à sa table, ne montra jamais aucune altération dans son procédé ni dans son langage, tant il avoit su cacher son ressentiment; & pouvant empêcher les discours & les pratiques de *Libon* il aima mieux leur laisser un libre cours dans le dessein d'en connoître toute la suite. Le Tyran rusé non seulement endormit sa victime par ces civilités extraordinaires, il voulut encore en imposer au public, comme si les crimes de *Libon* eussent été une chose toute nouvelle pour *Tibere*, qui n'avoit songé alors, qu'à le combler de faveurs. L'Empereur se trompa pourtant, sa dissimulation ne servit qu'à relever l'opinion qu'on avoit de sa cruelle malignité. L'artifice découvert donne de l'horreur, ce que ne fait pas l'impurudence ; & la fourberie n'est parfaite que lorsqu'on ne sauroit la découvrir, ce qui arrive rarement. *Neron* combloit *Seneque* de caresses lorsqu'il ne songeoit qu'aux moyens de le perdre ; lorsqu'il ne pensoit aussi qu'à faire mourir *Agrippine*, on ne vit jamais si bien jouer le rolle d'un fils plein de tendresse pour sa mere. La nature, dit *Tacite*, l'avoit formé, & l'habitude avoit fortifié en lui la disposition naturelle qu'il avoit de cacher sa haine sous l'apparence dangereuse des caresses. *Domitien* avoit coûtume d'user de beaucoup de complaisance, & de marques d'amitié pour ceux qu'il vouloit faire mourir. Il n'y avoit souvent aucun intervalle entre sortir d'entre ses bras & être livré à ceux du bourreau, on n'avoit point d'augure plus certain d'une fin tragique que les manieres douces & engageantes du Prince ; *Suetone* a dit fort à propos que sa cruauté étoit non seulement excessive, mais artificieuse & soudaine.

Parmi ce débordement d'accusations, dans le tems qu'on faisoit faire les Loix ou qu'on les corrompoit ; qu'on lâchoit la bride aux Délateurs protegés & récompensés ; que tout étoit crime, que tout

tout homme étoit à craindre & que la crainte même rendoit criminel, (*Caligula* fit mourir son frere, parce, disoit-il, que ce jeune homme craignoit d'être tué), dans le tems que les domestiques, les voisins, les amis & les parens étoient également suspects: on ne doit pas être surpris que tous les devoirs de l'amitié & de la commisération fussent suspendus, que la compassion même se fût comme évanouïe. Lorsque *Libon Drusus*, dont j'ai si souvent parlé, fut appellé en justice pour crime de lèse-Majesté, & qu'il alla selon la coûtume avec des habits de deuil, de maison en maison pour solliciter les bons offices & l'entremise de ses parens qui étoient la plupart des grandes familles de Rome, on avoit beau voir que sa vie & ses biens étoient en danger, tous refuserent de paroître pour lui, chacun en donna quelque excuse particuliére, qui dans le fond étoit la même, savoir la crainte qu'on avoit de l'Empereur; *abnuentibus cunctis cum diversa prætenderent, eadem formidine.*

Les gens n'étoient pas seulement obligés de cacher leur compassion ou leur douleur de la mort de leurs parens, il falloit encore qu'ils en témoignassent de la joie, s'ils ne vouloient qu'on les fît mourir eux-mêmes. Sous le règne de *Neron* plusieurs personnes dont le Tyran avoit fait mourir les proches parens, allerent dans les Temples rendre des actions de graces & faire des offrandes : la Ville étoit couverte de corps morts, & le Capitole rempli de sacrifices. Dans le grand massacre que *Tibere* fit faire tout d'un coup des amis & des partisans de *Sejan*, les rues étant jonchées de corps morts de tout âge, de tout sexe, & de tout rang, personne de leur parenté ou de leur connoissance n'avoit la permission d'en approcher, ni de répandre des larmes, non pas même de les regarder ; on avoit placé des espions tout auprès pour observer la contenance des gens & les marques de leur tristesse. Lorsque ces cadavres commencerent à sentir mauvais on les jetta pêle mêle dans le Tybre, & qu'ils flottassent ou qu'ils fussent jettés sur le rivage personne n'osoit les toucher, les enterrer ou les brûler. L'excès de la frayeur avoit rompu tout commerce des devoirs de l'humanité. Plus la Tyrannie exerçoit des fureurs, plus la compassion les hommes étoit étouffée : *Interciderat sortis humanæ commercium vi metus, quantumque sævitia gliſceret miſeratio arcebatur*. Le cruel *Caligula* avoit ſi bien appris lui-même à diſſimuler ſes ſentimens naturels, que lorſque ſa mere & ſes deux freres furent condamnés à l'exil, par ordre de *Tibere*, il ne lui échappa pas un mot, non pas même un ſoupir, quelques artifices qu'on employât pour le faire expliquer. *Octavie* femme de *Neron* lorſque ſon jeune & innocent frere expira devant ſes yeux, par le poiſon que ſon mari lui avoit fait donner, avoit déja appris toute jeune qu'elle étoit, à étouffer dans ſon ame les marques de ſon amitié, & de ſa douleur : tandis qu'*Agrippine* elle-même eut beſoin de tout ſon courage & de toute la force de ſon eſprit pour cacher ſa ſurpriſe, & l'effroi que lui donna cette tragique avanture.

SECTION VII.

Progrès de la Tyrannie. Le crime & l'innocence ne se mesuroient point par la Loi, mais par la fantaisie, & la malice de l'Empereur.

ON croiroit après de pareils exemples que la Tyrannie étoit alors montée à son comble, & qu'il étoit impossible à la cruauté & à l'épouvante d'aller plus loin : c'est une erreur : les flatteurs & les délateurs sont des scélérats inventifs, & la Tyrannie est un monstre qu'on ne sauroit jamais assouvir. Elle demande toûjours de nouveaux massacres, de nouvelles victimes & ses pourvoyeurs s'occupent sans relâche à lui complaire, & à l'entretenir : *metu principis rimantur, & sævitiâ adrepunt.* Qui auroit pu s'imaginer qu'aucun mortel pût surpasser *Tibere* en cruauté. Ses successeurs le firent néanmoins, & se surpasserent l'un l'autre par le nombre & le genre de leurs barbaries. *Domitien* en commit qui n'étoient jamais entrées dans l'imagination des monstres qui l'avoient précédé. Cela fait dire à *Tacite*, „ Comme nos ancêtres avoient vû le „ comble & les derniers efforts de la Li- „ berté publique, il étoit réservé à ceux „ de notre siécle, de voir le poids le „ plus accablant, & les dernieres rigueurs „ de la Servitude publique. La crainte „ que nous avoient inspirée les Déla- „ teurs nous avoient privés même du „ commerce mutuel des offices de la vie „ civile, celui de parler ou d'écouter ce „ qu'on nous disoit. „ Il ajoute „ Nous au- „ rions perdu la mémoire des choses de „ même que l'habitude d'en parler s'il „ avoit été autant en notre pouvoir d'ou- „ blier que de nous taire.

Le procès qu'on faisoit aux accusés de lèse-Majesté étoit en général selon l'ancienne forme des procedures, mais le fonds se jugeoit selon ce que le Prince en avoit déterminé lui-même en particulier. C'étoit selon ses avis qu'on condamnoit les accusés ou qu'on les renvoyoit absous: quelquefois aussi il interposoit son autorité de Tribun pour les empêcher d'être mis en justice. Quelquefois on trouvoit des crimes d'Etat dans des paroles ou des actions qui en toute autre personne que l'accusé n'auroient jamais été regardées comme criminelles. De cette maniere on étoit condamné ou absous, ou l'on n'étoit point accusé, non pas selon que l'on étoit innocent ou coupable, mais selon que l'on étoit dans les bonnes ou les mauvaises graces de l'Empereur qui avoit le privilège de changer le blanc en noir & le noir en blanc, de confondre le crime & l'innocence, & de tout régler à sa fantaisie. Ainsi *Tibere* fit un crime capital à *Vestilius* son ancien ami, & de son frere, le soupçonnant d'avoir fait des vers satyriques contre *Caligula* son neveu ; & ne voulut point qu'on fît des poursuites contre *Cotta Messalinus* pour le même crime, & pour bien d'autres. *Messalinus* avoit un mérite, qui le rendoit agréable à l'Empereur : il étoit toujours le premier dans tous les projets où il falloit répandre le sang : sa méchanceté & ses crimes étoient autant de services, qui le rendoient recommandable. Dans ces tems détestables, aucun crime n'étoit puni excepté celui d'avoir du mérite, de la vertu & de l'innocence. Les hommes les plus scélérats & les plus pernicieux pouvoient vivre dans une parfaite sécurité, on étoit sûr d'échaper aux soupçons du Prince pourvu qu'on menât une vie infame, & sur-tout qu'on eût de l'empressement à assouvir sa cruauté par le sacrifice des plus honnêtes gens & de la plus haute naissance : pourvu qu'on ressemblât à *Haterius Agrippa* qui projettoit leur perte au milieu de ses débauches entouré de femmes perdues. Les hommes les plus vils & les plus infames de l'Empire étoient non-seulement en sureté, ils en devenoient même les personnages les plus importans s'ils procuroient la ruine de la fleur des Citoyens.

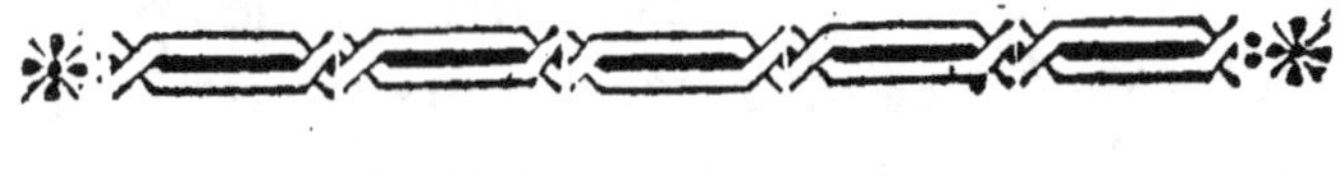

SECTION VIII.

Ce que Tacite *veut dire par ces mots* Instrumenta regni.

OUTRE les Délateurs qu'on peut regarder comme les chiens de chasse des Empereurs, qui alloient à la découverte des hommes, les prenoient par des mots, des conjectures, des signes, des apparences, des preuves ridicules, des constructions de phrase forcées & des Loix corrompues; les Empereurs avoient encore d'autres outils pernicieux, que *Tacite* appelle *Instrumenta regni*, les Instrumens de l'autorité Souveraine, ceux-ci étoient les Empoisonneurs & les Assassins. Lorsqu'il n'y avoit ni lieu ni prétexte de mettre en justice une personne distinguée par son mérite, par son opulence, ou par quelque autre avantage qui l'exposoit à la haine de l'Empereur, ou que d'ailleurs il y avoit du danger à l'accuser, on avoit recours alors au poison & au poignard.

Ceux

Ceux qui étoient employés à cela étoient entre autres, *P. Celer*, & *Ælius* l'Affranchi qui empoisonnerent *Julius Silanus* par ordre d'*Agrippine*; tel étoit encore un *Anicetus* qui fit mourir cette Princesse par ordre de *Neron* son propre fils; telle étoit *Locusta* qui donna du poison à l'empereur *Claude*. Cette femme s'étoit acquise une grande réputation dans l'Art des empoisonnemens par un grand nombre d'épreuves, & étoit entretenue à la Cour, comme un Officier fort nécessaire. Ce fut elle qui prépara le poison pour *Claude* de même que pour le jeune *Britannicus* son fils. Tel étoit *Xenophon* Médecin de *Claude* qui aida à faire mourir son maître; tels étoient ceux qui par l'entremise de *Livie* firent périr la postérité d'*Auguste*. Après qu'on eut poignardé *Caligula* on trouva dans son appartement un coffre rempli de toute sorte de poisons si prompts que lorsqu'on les jetta dans la mer ils firent mourir un grand nombre de poissons que le flot jetta ensuite sur la rivage. Tels étoient aussi les Tribuns, & les Centurions, & même le Capitaine des Gardes Prétoriennes qui toutes les fois qu'ils avoient ordre d'arrêter ou de tuer quelqu'un, ne manquoient jamais d'obéir sans s'informer de la raison de ce qu'on leur faisoit faire. Ce fut ainsi que *Posthumus Agrippa* fut expédié par un Centurion sous le règne *Tibere*: Le Tribun *Gerelanus* à la tête d'une troupe de Soldats fut envoyé par *Neron* pour assister à l'exécution de *Vestinus* le Consul qui n'étoit accusé d'aucun crime: mais *Neron* qui le haïssoit & le craignoit, n'ayant ni crime ni accusateur pour le poursuivre, & ne pouvant point par conséquent jouer le rolle du Juge joua celui de Tyran & se servit de la violence.

On peut dire véritablement que tout le corps des Gardes Prétoriennes étoit entretenu par ces Tyrans pour faire mourir ceux dont ils vouloient se défaire, ou pour soutenir ceux qui exécutoient leurs ordres. L'Empereur Turc a ses muets & ses empoisonneurs dans le Serrail, de même que ses Soldats pour exécuter ses ordres sanguinaires en secret ou à découvert. *Louis XI.* entretenoit secretement des coupe-jarrets outre le Prévôt Tristan son cher favori. La Reine Catherine de Médicis & son fils *Charles IX* avoient un aſſaſſin à gages pour expédier en cachette les gens de diſtinction qu'on ne pouvoit faire périr autrement. Ce qui ſe paſſe à la Baſtille a beau être enſéveli dans les ténébres, on n'ignore pas entiérement les ſecours qu'on fournit aux malheureux priſonniers pour ſortir de la vie, ſans compter ceux de la nature. Sous le règne de *Louis XIV* on avoit porté l'Art des empoiſonnemens à une grande perfection. On ſoupçonna avec beaucoup d'apparence que cela étoit parti de la Politique de quelques Miniſtres de France, & étoit devenu funeſte à quelques autres.

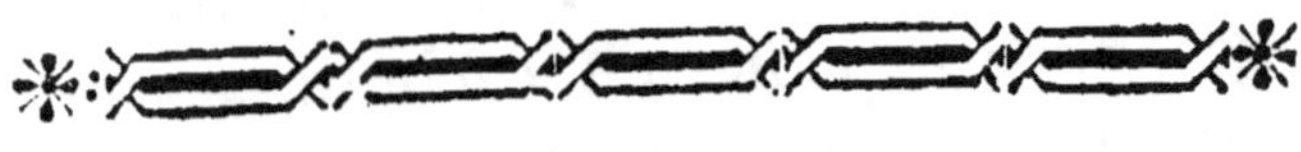

SECTION IX.

Extrême aversion des mauvais Empereurs pour les personnes distinguées par leur naissance & par leur mérite, avec quelle rage ces Tyrans travailloient à les perdre, & combien ils craignoient tous les hommes sur le plus lèger fondement.

IL étoit si commun sous les malheureux règnes dont nous venons de parler de voir périr tragiquement les personnes de naissance & de mérite, que *Tacite* regarde comme une merveille la mort naturelle de *L. Pison* Grand Pontife : *per idem tempus L. Piso Pontifex, rarum in tanta claritudine fato obiit.* Les personnes d'un mérite rare sont la terreur des Tyrans. Ce mérite & ces talens qui dans les premiers tems de la République auroient avancé un homme aux premiers emplois l'exposoient alors à la jalousie des Empereurs, à leur persécution, & presque toujours à une ruïne & à une mort certaines. Les Délateurs, ces pestes publiques, ces instrumens de la servitude, bêtes ravissantes qui repaissoient de sang & de carnage, qui avoient les faveurs de la Cour, à qui l'on donnoit les dépouilles de la patrie dont ils déchiroient les entrailles, auroient été alors traités comme des ennemis du public, détruits comme des bêtes féroces, chargés d'ignominie & de la détestation de tous les hommes.

Tel étoit sous les Césars le renversement tyrannique des Loix de l'ordre, & de la probité. *Auguste* connoissoit le mérite : il affectoit d'aimer & d'avancer ceux qui avoient des talens, cependant il borna ses faveurs à ceux d'entre eux qui s'attachoient à flatter son Usurpation & sa personne. C'est ce qui lui fit conférer les honneurs publics à *Ateius Capito* homme nouveau, il avoit des talens distingués, mais c'étoit un flatteur insigne. L'Empereur le préfera à *Antistius Labeo* qui le surpassoit dans les qualités acquises, & ne s'étoit jamais défait dans son esprit & dans ses discours d'une Liberté louable qui le faisoit estimer du Public bien plus que son concurrent : mais la souplesse, & la basse complaisance de *Capito* le rendirent plus agréable au Souverain. Celui-ci obtint par son mérite la Dignité de Consul, l'autre qui en avoit trop ne s'éleva jamais au-dessus de la Préture : cette jalousie des Empereurs prit bien plus grandes forces dans la suite.

Tout blessoit ces Tyrans, tout leur donnoit de l'ombrage, un homme avoit-il de la naissance, & étoit-il aimé du peuple ? C'étoit un rival du Prince capable de susciter une Guerre civile ; *Studia civium in se verteret, secessionem jam & partes, & si multi idem audeant bellum esse.* Etoit-il du sang d'*Auguste* ? Il avoit une prétention au Trône, *nobilem, & quod tunc spectaretur è Cœsarum Posteris.* S'étoit-il acquis de la réputation par les armes ? Il étoit devenu par-là la terreur du Prince : *Ostorius multa militari fama — metum Neroni fecerat, ne invaderet pavidum semper — missus Centurio qui cædem ejus maturaret.* Si un homme de naissance craignoit de se montrer populaire & vivoit dans la retraite ; sa retraite même lui donnoit de la réputation, & il donnoit de l'ombrage, *quanto metu occultior, tanto plus famæ adeptus* ; & le meilleur parti qu'il avoit à prendre étoit d'abandonner sa patrie : *consuleret quieti urbis ; esse illi per Asiam avitos agros*. Mais si l'exilé étoit un homme de grande importance, on manquoit rarement d'envoyer le bourreau à ses trousses. Si c'étoit un homme de vertu & dont la morale fut austère : c'étoit un nouveau *Brutus* dont la vie irréprochable étoit une censure vivante des mœurs corrompues de l'Empereur : *gliscere ac vigere Brutorum Æmulos rigidi & tristis quo tibi lasciviam exprobrent*. Un homme étoit-il d'un caractère sombre ? C'étoit parce que les affaires publiques alloient bien : *hominem bonis publicis mœstum*. S'il se donnoit du bon tems & se régaloit à table ; c'étoit à cause que l'Empereur se portoit mal, qu'on croyoit sa mort prochaine : *reddendam pro intempestiva lætitia mœstam & funebrem noctem, quâ sentiat vivere Vitellium, & imperare*. Etoit-il opulent ? Il étoit trop riche pour un Sujet, de grandes richesses entre les mains des Particuliers auguroient mal pour le Prince : *Plautum magnis opibus —— auri vim atque opes principibus infensas*. Etoit-il pauvre ? Il n'en étoit que plus désespéré & plus entreprenant : *Syllam inopem, unde præ-*

cipuam audaciam. Etoit-ce un homme indolent & sans action ? Il prenoit un masque de stupidité, & de paresse pour attendre l'occasion d'exécuter quelque projet sanglant ; *Simulatorem segnitiæ dum temeritati locum reperiret*. Si au contraire c'étoit un homme vif & agissant, on voyoit clairement qu'il ne songeoit point à mener une vie privée, éloigné des affaires : Il se déclaroit un Républicain fougueux, qui se mêloit des affaires de l'Etat : *Plautum ne fingere quidem cupidinem otii, sed veterum Romanorum incitamenta præferre, assumpta etiam Stoicorum arrogantia sectaque quæ turbidos & negotiorum appetentes faciat*. Vivoit-il dans le luxe & dans la magnificence ? Il tâchoit d'effacer l'Empereur dans les marques extérieures de grandeur ; *hortorum amœnitate, & villarum magnificentia quasi principem supergrederetur*. Etoit-ce un Savant, un Philosophe, ou un Orateur qui se fût acquis de la réputation ? L'éclat de sa renommée donnoit de l'ombrage au Prince : *Verginium & Rufum Claritudo nominis expulit, nam Verginius studio juvenum eloquentia, Musonius præceptis sapientiæ fovebat.*

Enfin il n'étoit pas possible à un homme de posseder aucune qualité naturelle ou acquise qui pût le rendre recommandable aux gens de bien, faire le bonheur de sa patrie, de ses amis ou de lui-même, sans réveiller la jalousie & la vengeance de ces Tyrans; & sans s'exposer à une perte inévitable; *Omni bona arte in exsilium acta, ne quid usquam honestum occurreret.*

SECTION X.

Reflexions sur le génie d'un Tyran. Combien les Empereurs se faisoient un jeu de répandre le sang du Peuple Romain. Aveuglement de ceux qui appuyerent l'usurpation de Cesar *&* *d'*Auguste.

QUE les réflexions d'un Tyran, si tant est qu'il en fasse, doivent être tristes! Sa Tyrannie fait une infinité de malheureux, pour le rendre lui-même la plus détestable & la plus horrible de toutes les créatures; celle dont on souhaite le plus la destruction. L'horreur qu'on a pour lui & les dangers où il s'expose augmentent à mesure qu'il s'aggrandit & qu'il prend des précautions pour sa sureté. La mort funeste de la plupart des Tyrans doit les convaincre que leurs Armées & le nombre de leurs Gardes bien loin de les mettre en sureté, c'est de là qu'ils ont le plus à craindre. Quelle étrange malédiction à une créature douée de la faculté de penser d'être obligée de se regarder comme l'ennemi déclaré de tout ce qu'il y a d'aimable & de souhaitable parmi les hommes : de leur Liberté, & de leur bonheur ; de sa propre satisfaction, & de sa sureté ; de son innocence, & de sa vraie gloire. Les chaines dont il charge ses Sujets augmentent leur haine contre lui, & par conséquent ses craintes. Après qu'il a perdu leur affection, & la confiance de ceux sur qui il devoit le plus se reposer, il est forcé de se servir pour garder sa personne de mercenaires, Esclaves du vice & de l'oisiveté ; ou de gens à qui il a fait quitter une honnête industrie par ce nouvel emploi ; de misérables qu'il tire quelquefois du milieu des rues, & des prisons. Il est réduit à craindre tout homme qui a de la bravoure ; & celui-là même qui combat pour son Prince, qui fait des conquêtes pour lui & qui le garde ne fait que s'exposer davantage à la jalousie du Prince, à ses mépris, & à ses remords. Le Peuple est porté à admirer & à louer la valeur militaire, c'est ce qui rend suspects aux Tyrans ceux qui ont cette qualité héroïque.

Je trouverai ailleurs une occasion dans le cours de ces observations de parler amplement des Armées & des conquêtes : je me contenterai ici de remarquer le peu de répugnance que les Tyrans de Rome avoient à verser le sang des Citoyens Romains, de ces Citoyens dont la vie étoit si précieuse, que les Loix de la République avoient mise à couvert par tant de sages précautions, de sorte que rien ne pouvoit être ordonné contre la vie & les biens du moindre des Citoyens que dans une Assemblée générale des Romains par Centuries. Ces Romains qui, tandis qu'ils étoient libres, étoient devenus les Maîtres du Monde, perdant leur liberté devinrent les victimes des traîtres qui les avoient assujettis ;

des traîtres Usurpateurs que Rome avoit nourris dans son sein ; d'un *Claude* d'un *Caligula*, d'un *Neron*. Par les anciennes Constitutions Romaines ces Usurpateurs étoient les seules personnes qu'on pouvoit faire mourir sans forme de procès, & sans que le meurtrier fût soumis à aucune peine. Voyez la Loi *Valeria* dans *Tite-live*, & l'Oraison de *Ciceron pro domo suâ.*

Si les braves Guerriers qui combattirent pour élever au Thrône *Cesar*, & *Auguste* avoient pu prévoir à quoi ils exposoient leur postérité, & ce qu'elle auroit à souffrir sous le règne des Successeurs de ces Usurpateurs ; leur zéle n'en auroit-il pas été réfroidi, ou pour mieux dire n'en auroit-ils pas été frappés d'horreur ? S'ils avoient pu voir leurs descendans, se courber & gémir sous un honteux Esclavage, non-seulement à l'égard de l'Empereur mais de ses Esclaves, & de ses Maîtresses ; ne jouïssant de la vie que par la faveur des flatteurs & des parasites ; craignant sans cesse les Délateurs ou exerçant eux-mêmes cet infame métier, les uns en danger à cause de l'éclat de leur nom, les autres par celui de leur vertu, de leurs talens, ou de leurs richesses. Plusieurs d'entre eux devenus parasites, servant aux abominables plaisirs du Prince, ou obligés par son ordre de prostituer leur nom & leur personne sur un Théatre public; un nombre considérable condamnés à l'exil dans des rochers & des Isles abandonnées, un grand nombre d'autres égorgés, & leurs corps, à qui l'on refusoit la sépulture, exposés aux chiens & aux corbeaux; leurs biens confisqués, & tous en général craignant la même catastrophe; leurs femmes exposées à la brutalité du Tyran qui après en avoir abusé les faisoit servir de jouet à sa Cour en présence même des maris qui venoient de recevoir un tel outrage. Les Dames même d'un rang illustre exposées dans des lieux infames où l'on invitoit les passans à avoir commerce avec elles pour de l'argent, comme avec des femmes publiques.

Si les partisans de l'Usurpation avoient prévu ces funestes conséquences pour leurs familles, cela n'auroit-il point changé leur cœur & leur conduite? Rien n'étoit plus aisé de prévoir que la fureur & les ravages d'un insensé sur le Throne, d'un fou effrené, dont le hazard non la Loi régloit la succession, de même qu'il en régloit le Gouvernement. Mais dans la chaleur que leur inspiroit l'esprit de faction, il n'étoit pas possible de reflechir de sang froid, & de porter sa prévoyance si loin ; il n'arrive presque jamais que des considérations sur l'avenir imposent silence aux passions qui nous agitent. Ceux qui s'attachoient à *Cesar* & à *Auguste* n'avoient que leur propre aggrandissement devant les yeux, & ne vouloient point regarder les suites de ce qu'ils faisoient. Tout va bien dans le monde dans l'esprit de ceux qui y font bien leurs affaires, & le commun des hommes prévoit rarement le mal qu'il ne sent pas encore. Qu'est-ce que l'homme qu'un enfant, qu'est-ce que sa Raison ! L'usage le plus ordinaire qu'il en fait est de s'en soustraire en lui empruntant des armes contre elle-même : de la même maniere que j'ai fait voir qu'on cite les Loix pour en justifier le renverserment, & que l'Evangile de paix & de charité est cité pour faire l'Apologie de la persécution & de la haine.

SECTION XI.

Pourquoi le Sénat subsista toujours sous le règne des Tyrans.

ON peut demander pourquoi des Tyrans si jaloux, & si ennemis de tout ce qui retenoit encore quelque ombre de l'ancienne République n'abolirent point le Sénat. *Caligula*, & *Neron* après lui, conçurent le dessein de faire tuer tous les Sénateurs. Je réponds qu'une pareille entreprise avoit des difficultés infinies ; & qu'il étoit très-dangereux de tenter la suppression d'un pareil Corps. On ne sauroit croire avec quelle force on s'attache aux noms, aux coutumes & aux formalités établies, qu'il est souvent plus mal aisé d'abolir que la réalité des choses ; cela est si vrai que les noms & les titres qui servent à désigner les choses subsistent souvent quand les choses signifiées ont disparu. Le Papisme qui a extirpé le Christianisme en porte encore le nom ; & l'on voit prêcher l'humilité & la patience de l'Evangile au milieu de l'orgueil & de l'intolérance : parmi ses gibets & ses buchers.

Commes les Papes prétendent tirer leur autorité de l'Evangile qu'ils corrompent & qu'ils abolissent, les anciens Tyrans de Rome affectoient de tirer la leur du Sénat, comme si la République eût été encore dans son ancien état, *tanquam vetere Republica* ; & détruire le Sénat c'étoit détruire leur propre titre à la Souveraineté. Il auroit encore fallu détruire le Consulat qui étoit regardé comme le *summum imperium*, la suprême Magistrature, avec l'Office de Préteur ; tous les Offices grands & petits de l'Etat, les titres, la procédure des Loix Romaines, & de tous les Tribunaux de Justice. Toutes les Loix & toutes les Charges dépendoient du Sénat & du Peuple conjointement ; il auroit fallu abolir en même tems les Sciences, l'Histoire, les procédures, les registres, les titres militaires, les Loix de la Guerre, & des Négociations, celles qui regardoient les Colonies &

les

les Provinces, les coutumes & le commerce. Il auroit fallu abolir la mémoire de toutes ces choses, créer un nouveau langage, & faire de nouveaux établissemens.

Quelle autorité sur la terre, & quel génie pouvoit être capable d'exécuter un dessein si hardi! Tant d'emplois, tant de réglemens, tant d'usages & de coutumes établies depuis un tems immémorial faisoient une partie du langage, étoient imprimés dans la mémoire des hommes & entroient continuellement dans leurs entretiens ordinaires, comme dans leurs affaires d'interêt & d'ambition. Comment auroit-on pu suppléer à un vuide si immense; & remplacer un si grand nombre de réglemens, d'emplois, de termes de procedure qui eussent répondu à tous les buts de la Societé dans un Empire si étendu? Cela étoit impossible, & n'étoit pas nécessaire. Les Empereurs trouvoient le même avantage à énerver la force & abbattre le courage du Sénat, à en faire un squelette & un fantôme, & à se servir de ce nom pour excercer leurs violences & leurs excès extravagans. Le Sénat &

le Peuple, noms vénérables, servoient de manteau à un pouvoir dont on les avoit dépouillés, & dont l'Empereur s'étoit entiérement emparé. *Cuncta Legum & Magistratuum in se trahens princeps.* L'enregistrement des Edits au Parlement de Paris n'est plus qu'une simple formalité, cependant la Cour qui n'essuye aucune contradiction, ne fait rien exécuter sans cette forme préliminaire. Les Romains conservoient encore au tems des Empereurs, du respect pour le Sénat & leurs Magistrats, comme cela parut souvent dans les Armées. Sous le règne de *Commode*, les Soldats se mirent dans une si grande colère contre *Perennis*, Favori & Ministre de cet Empereur, de ce qu'il ôtoit les premieres Charges Militaires aux Patriciens & aux Sénateurs pour mettre à leur place de simples Chevaliers, qu'ils le mirent en piéces.

Cependant une longue succession de tems, la durée de la Tyrannie, & la barbarie qui en est inséparable abolirent peu à peu les anciens noms & les anciens formulaires, lorsque l'essentiel des choses avoit disparu depuis long-tems. Elles introduisirent une foule de nouvelles Charges & de nouveaux titres pompeux : des titres accommodés à l'esprit du Despotisme, & qui différoient autant de la pureté du langage de l'ancienne République, que la Liberté & la politesse différent de la grossiéreté & de l'esprit de servitude.

SECTION XII.

Combien la cruauté inexorable des Empereurs précipita la ruine de l'Empire. Malheureux règnes de Constantin *&* *de* Constance. *Heureux règne de* Julien. *Conduite indiscrete des Chrétiens. Continuation de la Tyrannie, & décadence de l'Empire.*

Pour reprendre encore une fois le sujet des Accusations, & de l'abus qu'on fit de la Loi *de Majestate*, ce fut une cangrène qui gagna le cœur de l'Empire & qui à la fin le perdit. Les Empereurs sacrifioient à leur cruauté la fleur & la force de l'Etat dont ils faisoient périr les plus braves gens, & multiplioient les confiscations pour assouvir leur propre avarice & celle de leurs créatures. L'Empereur *Constantin* dont nous avons déja parlé poussa cette oppression criante bien plus loin qu'aucun des Empereurs Payens. Outre ses extorsions prodigieuses, il gorgea ses Favoris & ses Courtisans des dépouilles & de la fortune d'un grand nombre de personnes : *Proximorum fauces aperuit primus Constantinus*, dit *Ammien Marcellin*, *Constance* suivit l'exemple de son pere, & exerça une Tyrannie encore plus dévorante. J'ai déja dit quelque chose de son caractère personnel & de son Gouvernement conduit par des scélérats qui trempoient continuellement leurs mains dans le sang des Peuples dont ils recueilloient les dépouilles. Les Conseillers d'Etat de ce Prince, les Gouverneurs de ses Provinces étoient tous de ce même caractère, ils suçoient & dévoroient jusqu'aux os ; & l'on pouvoit dire d'eux avec vérité ce qu'un Noble de Dalmatie dit une fois à *Tibere*, « au lieu de nous envoyer des » bergers pour garder & protéger nos » troupeaux, vous nous envoyez des

» loups pour les dévorer. »

Ces voleries furent réprimées durant le règne de *Julien* Prince fort habile, doué de toutes les vertus, & de toutes les perfections qui peuvent orner un simple Particulier de même qu'une tête couronnée. Il étoit brave, généreux, prudent, & humain, Guerrier, Philosophe, Politique, ami & pere des Peuples. C'est une chose déplorable qu'un caractère si digne d'amour & d'estime eût des taches : ce Prince en avoit deux considérables, il étoit superstitieux jusqu'à la foiblesse, & avoit conçu une aversion contre les Chrétiens peu convenable à sa candeur & à son équité : une aversion, dis-je, que les Chrétiens n'augmenterent que trop par un procéde indigne d'une Religion pleine de douceur, & que ce grand Prince ne méritoit point. Ils en userent d'une maniere malicieuse & outrageante; le calomnierent, firent des Libelles diffamatoires, & exciterent même la populace contre lui. La modération singuliére de ce Prince fut la Satyre la plus piquante qu'on pût faire contre les Auteurs de cette brutale conduite. Il eſt certain que les Chrétiens avoient beaucoup dégéneré alors de l'eſprit des premiers ſiecles qui ne reſpiroit que la paix, la douceur & la pureté; ils étoient devenus licentieux & turbulans au ſuprême dégré. On les voyoit continuellement animés par l'arrogance & l'ambition de leurs Evêques qui employoient le ſecours des armes de même que celui des Anathêmes pour s'emparer des Egliſes opulentes. Ce n'étoit pas une choſe rare à ces Ambitieux de braver & de maltraiter de paroles les Empereurs en leur préſence même; de publier des invectives contr'eux, de troubler le repos public, d'exciter des tumultes & des ſéditions. C'étoient les meilleurs Courtiſans du monde lorſqu'on avoit leurs bonnes graces, & les ennemis les plus implacables quand on les avoit une fois déſobligés. Ç'en étoit aſſez pour jetter l'allarme dans l'eſprit d'un Prince, & pour exciter le reſſentiment du plus moderé. Ajoutons que la plus grande partie des richeſſes & des revenus qui ſervoient à ſoutenir les charges publiques, & ſurtout à défendre les frontiéres contre les Barbares étoient divertis & employés à soutenir la pompe & le luxe des Prélats : *Sacerdotes specie Religionis fortunas omnes effundebant*, comme dit *Tacite* en une autre occasion.

Si en donnant de justes louanges au mérite, & aux qualités d'un aussi grand Prince que *Julien*, on ne peut se dispenser en même tems de blâmer ce qui étoit digne de blâme en lui, sur-tout au sujet de sa conduite envers les Chrétiens ; on ne sauroit non plus justifier la conduite des Chrétiens à son égard. Ils l'insulterent avec tous les excès d'emportement pendant sa vie & chargerent sa mémoire de calomnies ignominieuses après sa mort, avec la même bassesse que quelques-uns d'entr'eux avoient loué & flatté les autres Empereurs qui quoique libéraux envers les Ecclésiastiques, étoient de parfaits Tyrans.

C'est l'interêt de la Vérité & de la vraie Religion de rendre une justice exacte aux ennemis & de n'avoir pas une indulgence excessive pour les amis. Si nous voulons rendre justice à *Julien*, laissant à part sa Religion, je doute que l'Histoire fasse mention d'aucun Prince qui l'ait surpassé & qu'on en trouve ſeulement trois qui l'ayent égalé. C'eſt certainement un modéle pour les Souverains, malgré l'emportement & les calomnies de certains Ecrivains apparemment animés d'un eſprit alors très-commun, eſprit petit, ſuperſtieux, & vindicatif, eſprit que la Religion de J. C. pleine de charité déſavoue, & dont elle peut ſe paſſer; c'eſt à ce Saint. Evangile que je ſouhaite ſincèrement que tous les hommes ſe conforment, mais j'avoue que je trouve fort peu de marques de cette affection Evangélique, dans la conduite, les diſcours & les Ecrits de ceux qui ont attaqué leurs adverſaires ſur des opinions de Religion. Je ſouhaiterois auſſi que cet eſprit barbare & antichrétien eût été entiérement borné au tems de l'Empereur *Julien*, dont le Gouvernement & les Ecrits le rendront toujours recommandable dans l'eſprit des perſonnes raiſonnables qui regardoient ce Prince comme un exemple merveilleux de vertu & de mérite.

Le Règne de *Jovien* qui paroiſſoit avoir des intentions droites & louables fut fort court; il fut ſuivi de *Valentinien* & de *Valens* qui

qui furent d'un caractère emporté, soupçonneux & sanguinaire, ce fut sous leur règne que les anciennes Accusations, les Confiscations & le meurtre des Citoyens recommencerent avec la même fureur que sous les anciens Empereurs. Ces barbaries & ces injustices continuerent ensuite avec fort peu d'interruption, jusqu'à ce que l'Empire Romain fût entiérement renversé. Les Peuples harcelés ou ruinés de toutes parts, ne trouvant aucun asyle contre l'oppression & les Délateurs, point de protection dans les Loix ni dans la clémence du Prince, tomberent dans le désespoir, & favoriserent l'invasion des Goths, des Huns, des Vandales & des autres Conquérans Barbares.

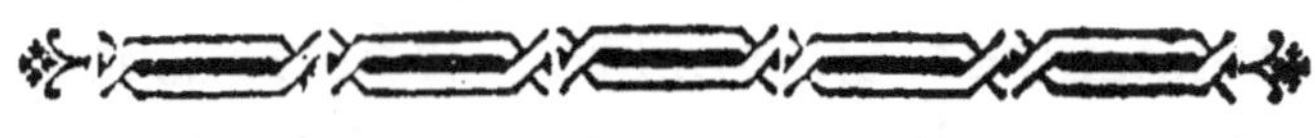

SECTION XIII.

Excellence d'une Monarchie limitée par les Loix, sur-tout de celle de la Grande-Bretagne.

JE crois que c'est *Machiavel* qui remarque que deux ou trois Princes foibles ou mauvais qui se succedent immédiatement, suffisent pour ruiner un Etat gouverné despotiquement, mais que ce même Etat peut subsister pendant une longue suite de successions de Princes malavisés, pourvû que le Gouvernement en soit limité par de bonnes Loix. Par la mauvaise administration des Empereurs qui avoient tout bouleversé à leur fantaisie, *Vespasien* trouva qu'il manquoit six cens millions de pistoles, somme nécessaire pour remettre l'Empire dans un état de consistence. Le Gouvernement Monarchique, selon *Platon*, est le meilleur ou le pire de tous; je ne puis que souscrire à son opinion, comme à celle de Philippe de *Comines* qui dit que l'Angleterre est le pays du monde où les affaires publiques ſont le mieux réglées, & où le Peuple ſouffre le moins d'oppreſſion. Nous avons le bonheur de jouïr de cette forme de Gouvernement dont *Tacite* parle comme du plus parfait & du plus difficile à établir; nous avons cet heureux équilibre & ce mêlange d'intérêts mutuels qui comprend l'intérêt de chaque Particulier : *cunctas Nationes & urbes Populus, aut primores aut ſinguli regunt. Delecta ex his & conſtituta Reip. forma laudari faciliùs quàm evenire, vel ſi evenit, haud diuturna eſſe poteſt.*

Un Roi d'Angleterre a un avantage qui le met au-deſſus de tout Prince Deſpotique, il engage ſes Sujets à lui en s'engageant à eux, s'il les protège en défendant leurs droits & leurs Loix, les Sujets de leur côté en ſoutenant le Souverain le mettent en état de remplir dignement cette fonction : ce qu'ils donnent par leur propre choix & non par force, ils le donnent de bon cœur. Les Princes qui prennent tout du Peuple & qui ne lui laiſſent rien qu'il puiſſe leur donner, ne ſauroient être aimés de leurs Sujets. Si cette maxime eſt vraie, que nous haïſſons ceux que nous avons offenſés, il eſt également vrai que nous aimons ceux que nous avons obligés. De là vient qu'on dit de Dieu qu'il aime non-seulement à faire du bien, mais qu'il aime encore le bien qu'il fait.

Les Princes dont le Gouvernement est arbitraire voudroient bien sans doute avoir le cœur de leurs Sujets s'il étoit possible de l'acquérir par un Gouvernement bizarre & violent. La crainte de leur puissance est le seul hommage que leurs Sujets leur rendent de même qu'aux animaux malfaisans, aux serpens, aux bêtes féroces & enragées, à la piste & au Diable, à la douleur & à la pauvreté : cependant ce malheureux hommage ne leur est pas toujours rendu, on ne les craint pas toujours. Lorsqu'on s'est familiarisé avec la peur elle diminue considérablement, le peuple se désespere & prend le mords aux dents. Les Princes viennent à être méprisés à leur tour, & le mépris qui est le plus grand malheur de la vie, devient le partage de ceux qui élevés auparavant au plus haut dégré, ne faisoient aucun cas du Genre-humain. Lorsque *Neron* demanda à *Subrius Flavius*, un de ceux qui avoient conspiré contre sa vie, pourquoi il avoit manqué à la fidélité qu'il devoit à son Souverain, celui-ci lui répondit, „ parce que je t'a„ vois en horreur „ : *Vestinius* le Consul méprisoit le cœur bas & inhumain de *Neron* qui ne l'ignoroit pas. Dans toute la découverte de la conspiration, & dans le châtiment des Conjurés, rien ne fut plus remarqué que l'enchaînement des marques de mépris que l'on fit éclater contre cet infame Tyran au plus haut point de sa puissance, & au milieu des terreurs de la Tyrannie. Rien ne le mortifia davantage, dit *Tacite*; & lorsque ce monstre fut déposé, il tomba dans un si souverain mépris, qu'il fut condamné à être dépouillé tout nud & fouetté jusqu'à la mort comme un vil Esclave, la tête attachée à un Pilori, son cadavre à être précipité de la roche Tarpeienne & ensuite traîné au Tybre avec un croc.

La grande réputation de *Jules César* ni celle d'*Auguste*, ne purent les mettre à couvert des insultes de la Populace & des marques de son mépris. Les traits de raillerie *mœchum calvum*, & *videsne ut cinœdus orbem digito imperet*, étoient des affronts dont tout leur pouvoir ne pouvoit les garantir. Lorsque *Mithridate* Roi d'Arménie fut dépouillé de son Royaume, il éprouva par la conduite de ses Sujets à son égard, comment il en avoit été respecté, ils le chargerent de reproches & de coups : *Vulgus duro imperio habitum, probra ac verbera intentabat.* Lorsque l'Empereur *Vitellius* fut mené pour être égorgé, les mains liées derriere le dos, ses habits en pièces & sa personne dans un misérable état, il fut reçu à-peu-près de même ; la foule le chargeoit d'opprobres, & pas une seule personne ne le plaignoit : la populace l'insulta même après sa mort avec la même bassesse qu'elle l'avoit flatté pendant sa vie : *Vulgus eadem pravitate insectabatur interfectum, quâ foverat viventem*

Fin du Tome premier.

TABLE

TABLE DES DISCOURS ET DES SECTIONS

Contenus dans le Tome I.

DISCOURS I.

Du caractere personnel de *Tacite*, & de celui de ses Ouvrages.

DISCOURS II.

Sur *Jules Cesar.*

DISCOURS III.

Sur *Octave* nommé dans la suite *Auguste Cesar.*

DISCOURS IV.

Sur le Gouvernement libre, & sur le Gouvernement arbitraire; en particulier sur celui des Empereurs Romains.

DISCOURS V.

De l'ancienne Loi *de Majestate*, étendue & pervertie par les Empereurs Romains.

DISCOURS VI.

Des Accusations & des Délateurs sous le règne des Empereurs.

Fin de la Table du Tome premier.

[library stamp] ... IMPR.

www.ingramcontent.com/pod-product-compliance
Lightning Source LLC
LaVergne TN
LVHW011943220826
846092LV00001B/73

* 9 7 8 2 3 2 9 4 6 9 1 3 3 *